Karl Thier | Maria Köllner | Ursula Hoff

Bruder Karls Klosterküche

Karl Thier | Maria Köllner | Ursula Hoff

Bruder Karls Klosterküche

Impressum

1. Auflage 2019
© Verlag Via Nova | Alte Landstr.12 | 36100 Petersberg
Telefon (06 61) 6 29 73 | Fax (06 61) 96 79 560
E-Mail: info@verlag-vianova.de
www.verlag-vianova.de

Fotos: Ursula Hoff
Umschlaggestaltung: Guter Punkt • München
Satz und Layout: Sebastian Carl • Amerang
Druck und Verarbeitung: Appel und Klinger, 96277 Schneckenlohe
© Alle Rechte vorbehalten

ISBN 978-3-86616-454-3

Inhalt

Vorwort 9
Danksagung 11

Suppen und Eintöpfe 13
Biersuppe aus Westfalen 14
Weinsuppe 16
Karls Möhrensuppe mit Ingwer 17
Minestrone Rhöner Art (Eintopf) 18
Pürierte Kartoffel-Lauch-Suppe 20
Weißkohlsuppe mit Kurkuma (Eintopf) 21
Kichererbsensuppe 22
Rote-Linsen-Suppe 24
Pilzsuppe gebunden 25
Pilzconsomé mit Blätterteighaube 26
Soljanka 28
Backofensuppe 30
Kalte russische Suppe 33
Juni-Suppe 34

Suppeneinlagen 35
Bouillon mit verschiedenen Einlagen 36
Fettklößchen 37
Grießmehlklößchen 38
Markklößchen 39
Grünkernklößchen 41
Mutschelmehlklöße 42

Kein Tag ohne Salat und Gemüse 43
- Yum-Yum-Salat 44
- Linsen-Rotkohl-Salat 46
- Vinaigrette 48
- Sauerampfer-Wurzel-Salat 50
- Fruchtessig á la Bruder Karl 53
- Aubergine im Bierteig 54
- Champignonköpfe, eingelegt 55
- Paprika rot/grün 56
- Mozarella-Teller 57
- Zucchini, eingelegt – Relish 58
- Kalter Meerrettich 60

Hauptgerichte 61
- Hünfelder Krautpfanne 62
- Rhöner Kartoffelkuchen mit Kräuterschmand 64
- Linsenbratlinge 66
- Gaalbern-Auflauf 68
- Tafelspitz 70
- Pannas mit gebratenen Apfelringen 72
- Schwalbennester (Rouladen) 74
- Rosenkohl-Pilz-Pfanne 76
- Spinatkuchen 78
- Burgunderbraten 79
- Zwibbelsploatz nach Klosterart 80
- Schweinelendchen mit Backpflaumen 81
- Erdkohlrabi (Steckrüben) mit Leiterchen 82
- Frühlingspfanne 84
- Püfferchen (Struwen) vegetarisch 86
- Klosterratten – Blätterteig gefüllt und Pusztasoße 88
- Petersilienklößchen 90
- Fasan auf Sauerkraut 91
- Leber in Senfkruste 92
- Seelachsfilet mit Sesampanade 93
- Speckscholle 94

Bunte Klöße 95
Mehlpfannekuchen 96

Beilagen 98
Kräuter-Kartoffelplätzchen 99
Spaghetti mal anders 100
Nellys Kartoffelsalat 101
Mehlklöße 102
Schiebenkartoffeln 103

Nachspeisen 104
Rhabarber-Erdbeer-Creme 105
Grießschnitten mit Erdbeersoße 106
Dessert schwarz/weiß 107
Tassenschmarrn mit Zimtsoße 108
Hünfelder Traum 109

Gebäck 110
Buttermilchwaffeln mit Vanille 111
Eiserkuchen (Isenbackenkooken) 112
Muffins mit Oblatine-Klosterlikör 114
Haferflockenplätzchen 116
Spekulatius 117
Osterlamm 118
Gaalbern-Torte 120
Quark-Zitronenkuchen 122

Getränke 124
Kirsch(kern)likör 125
Cocktails mit Oblatine 127
Hünfelder Oblatine 127
Minze Oblatine 127
Orangentraum 127
Buttermilch, erfrischend grün 129
Ingwer-Wodka-Likör 130

Verschiedenes 131
- Glüh- oder Apfelweingelee 132
- Kochkäse, veredelt 134
- Käseaufstrich 135
- Pfannkuchen gefüllt mit Frischkäse 136
- Herzhafte Herrentorte... 138
- Käsesalat 140
- Pizzabrötchen 142

Geschichten und Tipps zur Klosterküche 144
- Bruder Karl – Ein Meister der Kochkunst
- Mit Freude und Liebe kochen................................. 145
- Karls Kindheits – Gedanken 147
- Tisch-Gebet.. 149
- Bruder Karl lernt schwimmen................................. 151

Über die Autoren... 153
Alphabetisches Verzeichnis der Gerichte....... 155

Vorwort

»Bona culina - bona diciplina« - schon der Mönchsvater Benedikt von Nursia wusste, dass eine gute Küche eine gute klösterliche Atmosphäre schafft. Das Bonifatiuskloster ist bekannt für seine gute Küche. Viele tausend Besucherinnen und Besucher überzeugen sich jedes Jahr davon. Nun liegt nach dem ersten Kochbuch unseres Klosterkochs Bruder Karl Thier OMI eine zweite Rezeptsammlung vor. Das erste Buch »Bruder Karl kocht genial« erfreute sich einer großen Nachfrage, weil die Rezepte praktisch und leicht nachzukochen waren. Auch der zweite Band schöpft aus dem reichen Erfahrungsschatz von Bruder Karl und nimmt neue schmackhafte Rezepte auf.

Ganz herzlichen Dank sagen wir Frau Ursula Hoff für das Sammeln und die Ausarbeitung der Rezepte und Frau Maria Köllner für die Begleitung und Redaktion des Buches. Unseren Dank sagen wir auch dem Verlag *Via Nova*, dessen Gründer, Pfarrer Werner Vogel, bis zu seinem plötzlichen Ableben ein beliebter, geschätzter und regelmäßiger Referent unseres Bonifatiusklosters war und der den ursprünglichen Gedanken für ein Klosterkochbuch initiierte und förderte.

Wir wünschen Ihnen viele geschmackvolle Momente beim Kochen mit dem Klosterkochbuch und würden uns sehr freuen, Sie als Gäste in unserem Hause begrüßen zu dürfen.

Pater Martin Wolf OMI – Superior
Bonifatiuskloster
Hünfeld
www.bonifatiuskloster.de

Danksagung

Es ist mir eine Ehre, mein zweites Kochbuch zu veröffentlichen. Ich zähle mich nicht zu den Gourmet-Köchen. Ich habe im Kloster Hünfeld meine berufliche Ausbildung und anschließend die klösterliche Ausbildung gemacht.

Acht Jahre war ich in einem anderen Haus, dem Kloster Burlo-Gymnasium, als Koch.

Im Jahre 1970 kam ich wieder nach Hünfeld. Da wurde mir die Küche übertragen und ich war bis 2010 Küchenchef. Bis zu dieser Zeit habe ich 35 Lehrlinge ausgebildet. Eine ganze Reihe haben inzwischen einen eigenen Betrieb oder sind Küchenchefs. Ich bin sehr stolz auf sie. Oft habe ich ihnen gesagt: Die Grundbegriffe bringe ich euch bei, nun liegt es an jedem Einzelnen, was er daraus macht.

An dieser Stelle möchte ich mich bedanken bei den zwei Damen Ursula Hoff und Maria Köllner, die mich tatkräftig unterstützt haben. Ohne sie wäre ich wahrscheinlich nicht so weit gekommen. Der Herrgott möge es ihnen vergelten.

Inzwischen gehöre ich zu den Hobby-Köchen. Immer wieder probiere ich etwas aus und so entstehen neue Rezepte.

Da die Klosterküche von einem jüngeren Team übernommen wurde, habe ich jetzt endlich die Muße, meine Erfahrungen in einem 2. Klosterkochbuch weiterzugeben.

Wie kommen die Rezepte zustande?
- Mit den Augen stehlen,
- Ausprobieren, was ich gesehen habe,
- Phantasie, Kreativität, Interesse, Begabung

Viel Spaß beim Nachkochen und guten Appetit!

Bruder Karl

Suppen und Eintöpfe

So gesund, so gut bekömmlich, so köstlich und so vielseitig.

Ob klare Brühe, Rahm-, Fleisch-, Fisch- oder Gemüsesuppe, deftiger Eintopf oder Kaltschale – eine Suppe geht immer und tut gut, Löffel für Löffel - als Vorspeise wie als Hauptgericht. So ist Bruder Karl auch ein wahrer Suppenfan, beim Zubereiten und Selbergenießen. Früher, so erzählt Bruder Karl, galt eine Suppe als Arme-Leute-Essen, da die Reste aus der Küche verwertet wurden. Doch längst ist eine frisch zubereitete inhaltsreiche Suppe ein wahrer Genuss, zu jeder Jahreszeit. Dazu reich an Vitaminen und Mineralstoffen.

Biersuppe aus Westfalen

vegetarisch

Zutaten
½ l Milch
1 P. Vanillepuddingpulver
2 Eigelb
½ l Bier
Zucker nach Geschmack
2 Eiweiß
1 TL Zucker

Zubereiten

- Eier trennen,
- 6 EL von der Milch abnehmen und mit dem Puddingpulver und den Eidottern anrühren.
- Den Rest der Milch zum Kochen bringen,
- von der Kochplatte nehmen und das angerührte Pulver mit dem Schneebesen hineinrühren und kurz aufkochen.
- Bier dazugeben,
- mit Zucker würzen und langsam erhitzen.
- Eiweiß mit Zucker schlagen, mit einem Kochlöffel unter die heiße Masse heben und stocken lassen.

Dieses Rezept hat Bruder Karl aus seiner Heimat in Westfalen übernommen. Da nichts weggeworfen wurde, nahm man den Schaum, der beim Einschenken vom Bier abgestrichen und aufgehoben wurde, oder abgestandenes, auch altes Bier. Damals waren sie allerdings keine Vorspeise, sondern Hauptgerichte. Also musste man davon satt werden.

Die Bier- wie auch die Weinsuppe sind vom Geschmack her süß und deshalb ungewöhnlich.

Suppen und Eintöpfe

Weinsuppe

Die gleiche Vorgehensweise wie bei der Biersuppe.
Flüssigkeiten: ½ l Wasser und ½ l Wein.
Nach Geschmack den Saft einer Zitrone dazugeben.

Karls Möhrensuppe mit Ingwer

vegetarisch

Zutaten
3 Möhren
1 Kartoffel
1 Stückchen Ingwer, geschält
1 kleine Knoblauchzehe
Muskat
½ l Wasser
Salz, Pfeffer
2 Stückchen kandierter Ingwer
¼ l Kokosmilch
1 EL Olivenöl

Zubereitung
- Gemüse waschen, putzen und grob zerkleinern. Mit Wasser und Gewürzen kochen, dann pürieren.
- Mit Kokosmilch auffüllen und noch einmal kurz aufkochen, nachwürzen.
- Kandierten Ingwer in sehr kleine Würfel schneiden und darüber streuen.

Bruder Karls Tipp
Wer mag, kann über diese Suppe noch Kokosraspeln streuen.

Minestrone Rhöner Art (Eintopf)

vegetarisch

Zutaten
1 große Zwiebel
1 Knoblauchzehe
1 EL Olivenöl
4 - 6 Kartoffeln
2 - 3 Möhren
½ Sellerie
1 kleine Stange Porree
200 g Erdkohlrabi
½ Petersilienwurzel
Pfeffer, Salz, Gemüsewürze
Frische Kräuter

Suppen und Eintöpfe

Zubereitung
- Zwiebel und Knoblauch schälen, in kleine Würfel schneiden und mit Olivenöl andünsten.
- Erdkohlrabi schälen, in 2 cm große Würfel schneiden und dazugeben,
- mit Wasser auffüllen, so dass sie bedeckt sind.
- Mit Salz und Pfeffer würzen und 10 Minuten kochen.
- Das übrige Gemüse waschen, putzen, zerkleinern, dazugeben und noch einmal mit Wasser auffüllen,
- kochen, bis alles weich ist, und noch einmal nachwürzen,
- mit kleingehackten Kräutern bestreuen.

Bruder Karls Tipps

Erdkohlrabi waren und sind noch immer ein preiswertes Gemüse. Es gibt keine wirkliche Saison, weil man sie sehr gut über den Winter lagern kann. Viele B-Vitamine, Vitamin C und auch Mineralstoffe fördern die Gesundheit. Ballaststoffe regen die Verdauung an und Kalorien sind in der Minderzahl….

Pürierte Kartoffel-Lauch-Suppe

vegetarisch

Zutaten
2 große Kartoffeln
Salz, Pfeffer
1 l Wasser
½ Stange Lauch
½ Brötchen
Knoblauchsalz
Butter

Zubereitung
- Kartoffeln waschen, schälen und in grobe Stücke schneiden. Mit Salz, Pfeffer und Wasser kochen und anschließend fein pürieren.
- Lauch waschen und in feine Ringe schneiden,
- diese blanchieren und über die Suppe streuen.
- Für Croutons ein Brötchen in Würfel schneiden und in der Pfanne knusprig braten. Zum Schluss etwas Knoblauchsalz darüber streuen.

 Bruder Karls Tipp
Mit dem Pürierstab kann man direkt im Kochtopf die Suppe cremig pürieren und spart so einen zusätzlichen Behälter.

Suppen und Eintöpfe

Weißkohlsuppe mit Kurkuma (Eintopf)

vegetarisch

Zutaten

½ Kopf Weißkohl
200 g Kartoffeln
1 Zwiebel
¼ Stange Porree
einige Petersilienstängel
1 EL Kurkuma
Salz, schwarzer Pfeffer
Butterschmalz
Wasser nach Bedarf
½ Paprikaschote

Zubereitung

- Porree putzen, in feine Ringe schneiden.
- Petersilienstängel in Röllchen schneiden und Zwiebel schälen und fein würfeln.
- In Butterschmalz glasig dünsten.
- Kurkuma einrühren.
- Weißkohl putzen, in Achtel und dann in Streifen schneiden.
- Kartoffeln schälen und klein würfeln, dazugeben.
- So viel Wasser aufgießen, bis alles bedeckt ist,
- würzen und 20 Minuten kochen,
- Paprika waschen, in feine Streifen schneiden und damit garnieren.

 ### Bruder Karls Tipp

Kurkuma sollte ganz vorn im Gewürzschrank stehen und so oft wie möglich beim Kochen verwendet werden. Kräuterbutter und vielen anderen Gerichten verleiht Kurkuma eine goldgelbe Färbung. Die verdauungsfördernde Eigenschaft ist seit langem bekannt.

Suppen und Eintöpfe

Kichererbsensuppe

vegetarisch

22 Suppen und Eintöpfe

Zutaten

3 Bio-Kartoffeln
1 Glas (200 - 300 g) Kichererbsen, gekocht in Brühe
1 kleine Dose Tomatenwürfel
110 ml Kokosmilch
1 Zwiebel
Salz, Pfeffer
½ TL Paprikapulver
1 Msp. Kurkuma
Muskat
Kreuzkümmel
2 EL Olivenöl
½ Chilischote, wer es scharf mag

Zubereitung

- Kartoffeln mit Schale kochen, schälen und in Würfel schneiden.
- Zwiebel schälen, würfeln und in Olivenöl mit den Gewürzen (außer dem Kreuzkümmel) dünsten, diesen erst zum Schluss dazugeben.
- Kichererbsen und Tomatenwürfel mit Brühe und die Kokosmilch dazugeben und kurz aufkochen.
- Evtl. etwas Gemüsebrühe dazugießen, wenn die Suppe zu dickflüssig ist.
- Wer es scharf liebt, halbiert eine kleine Chilischote, schneidet sie in kleine Würfel und gibt sie zum Schluss dazu.

Bruder Karls Tipp

Gemüsebrühe kann man schnell und günstig selbst zubereiten. Dazu eignen sich Gemüsereste (auch tiefgefroren). Frisches Gemüse wird geputzt, grob geschnitten, gekocht und abgesiebt.

Suppen und Eintöpfe

Rote-Linsen-Suppe

vegetarisch

Zutaten
2 große Kartoffeln
100 g rote Linsen
Wasser
1 kleine Dose Tomatenwürfel
Inneres von ½ Stange Porree
1 Möhre
¼ Sellerieknolle
¾ l Gemüsebrühe
Salz, Pfeffer
1 TL Zucker
1 EL Crème fraîche
Croutons

Zubereitung
- Kartoffeln mit Schale kochen, schälen und in kleine Würfel schneiden.
- Gemüse putzen und waschen. Lauch in feine Streifen schneiden, Möhre und Sellerie grob raspeln.
- Linsen mit Wasser bedeckt kochen. Bevor sie weich werden, die anderen Zutaten dazugeben und alles einmal durchkochen.
- Mit Crème fraîche und Croutons garnieren.

 ### Bruder Karls Tipp
Eine Linsensuppe ist eine wertvolle Hauptmahlzeit. Zum leichteren Verdauen dieser Hülsenfrüchte bieten sich Kümmel, Curry oder Kräuter an.

Suppen und Eintöpfe

Pilzsuppe gebunden

vegetarisch

Zutaten

200 - 300 g Mischpilze
1 l Gemüsebrühe
1 Bund Suppengemüse
200 g Kartoffeln
60 g Butter
1 - 2 Zwiebeln
40 g Mehl
100 ml Sahne
Salz, Pfeffer
Pilzgewürz
Petersilie

Zubereitung

- Pilze putzen und in Stücke schneiden.
- Suppengrün und Kartoffeln waschen, putzen und in kleine Würfel schneiden,
- mit den Pilzen in einem ¾ l Gemüsebrühe ca. 20 Minuten köcheln lassen.
- Zwiebel schälen, klein würfeln und in Butter glasig dünsten,
- mit dem Mehl bestäuben, rühren, kurz durchschwitzen lassen und mit der restlichen Brühe aufgießen und kurz aufkochen.
- In die heiße Suppe hineinrühren und mit den Gewürzen abschmecken.
- Sahne dazugeben und mit gehackter Petersilie servieren.

Suppen und Eintöpfe

Pilzconsomé mit Blätterteighaube

Zutaten
200 - 300 g frische Pilze
1 L Gemüse- oder Fleischbrühe
Salz, Pfeffer, Muskat
Pilzgewürz
1 kleine Zwiebel
20 g Butterschmalz

100 g kleine Champignons (für die Einlage)
10 g Butterschmalz
4 Platten Blätterteig TK oder frisch
1 Eigelb

Zubereitung

- Pilze putzen, grob hacken und in der Brühe 1 Stunde köcheln, dann die Brühe absieben. (Die Pilze können noch anderweitig verwendet werden, z.B. für Bratensoße oder Gulasch.)
- Zwiebel schälen, fein würfeln und in Butterschmalz glasig dünsten,
- mit der Brühe auffüllen und kurz aufkochen.
- Mit Salz, Pfeffer und 1 Messerspitze Muskat abschmecken.
- Durch ein feines Sieb gießen und in Suppentassen füllen.
- Frische Champignons reinigen, in Scheibchen schneiden und kurz in Butterschmalz schwenken.
- Auf die Suppentassen verteilen, alles abkühlen lassen,
- Eigelb von Eiweiß trennen,
- das Eigelb verquirlen und die oberen Ränder der Suppentassen einpinseln.
- 4 Teile Blätterteig ausrollen und mit einer leeren Suppentasse ausstechen.
- Noch einmal drüberrollen, so dass sie etwas größer als die Tassen sind.
- Über die Suppentasse stülpen, fest andrücken und alles mit dem Ei bepinseln.
- Aus den Blätterteigresten Blumen ausstechen und zum Dekorieren aufkleben.
- Im vorgeheizten Ofen bei 180 Grad 15 Minuten überbacken.

Suppen und Eintöpfe

Soljanka

Diese leicht säuerliche Suppe aus Russland ist seit jeher auch ein beliebtes Samstagsessen, das sich schnell zubereiten lässt. An diesem Tag wurde geputzt. Man hatte nicht viel Zeit zum Kochen und konnte die Reste verwerten. Dieses Rezept stammt aus Thüringen.

Zutaten

200 g Aufschnitt gemischt
80 g Dörrfleisch
2 große Zwiebeln
1 Knoblauchzehe
2 Paprikaschoten
3 Tomaten
2 dicke Essiggurken
1 Schuss Rotwein
2 EL Tomatenmark
Salz, Pfeffer, Paprikapulver
Gekörnte Gemüsebrühe
1 l Wasser
1 EL Pflanzenöl
4 TL Crème fraîche und ein Päckchen frische Kresse

Zubereitung

- Dörrfleisch, geschälte Zwiebeln und Knoblauch in kleine Würfel schneiden,
- Öl im Topf erhitzen und die Zutaten glasig werden lassen.
- Gehäutete Tomaten, geputzte Paprika, Gurken und Knoblauch würfeln und dazu geben,
- mit Wasser auffüllen, würzen und 10 - 15 Minuten leicht köcheln.
- Den Aufschnitt in Stifte schneiden und mit der Suppe noch einmal aufkochen, würzen, dann 10 Minuten ziehen lassen.
- Vor dem Servieren mit Crème fraîche und frischer Kresse garnieren.

Bruder Karls Tipp

Tomaten lassen sich einfach häuten, indem man die Schale gegenüber dem Stielansatz kreuzweise einschneidet. Die Tomate 10 - 30 Sekunden in kochend heißes Wasser tauchen, mit der Schaumkelle herausheben, mit kaltem Wasser übergießen und dann die Haut abziehen.

Suppen und Eintöpfe

Backofensuppe

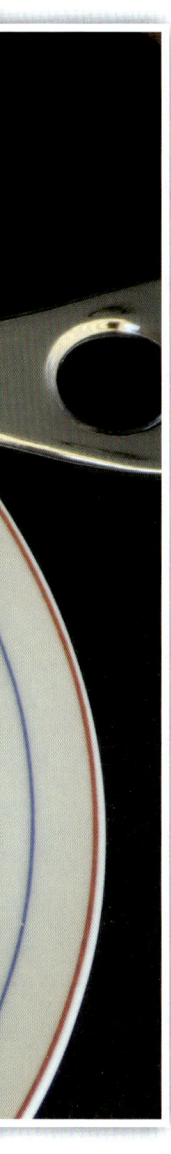

Zutaten für 8 Portionen

1 EL Butterschmalz

1 kg Gehacktes – halb und halb

1 - 2 Zwiebeln

1 Knoblauchzehe

1 kleine Dose oder zwei Tassen TK Erbsen

1 Dose Mais

2 Gläser Champignons

2 Gläser eingelegte Paprikastreifen

1 Dose Ananasstücke

1 kleine Flasche Chilisoße

1 kleine Flasche Curry-Gewürz-Ketchup

Pfeffer, Salz, gekörnte Brühe

1 l Wasser

2 Becher Sahne

Zubereitung

- Zwiebel und Knoblauch schälen und würfeln,
- im Butterschmalz glasig werden lassen.
- Hackfleisch dazugeben und anbraten.
- Alle Zutaten bis auf den Ananassaft und die Sahne dazugeben und nach Geschmack würzen.
- Im Backofen mit Deckel (Vorsicht, keine Kunststoffgriffe!) bei 180° ca. 45 Minuten garen.
- Die Sahne hineinrühren und eventuell noch ein wenig Wasser, wenn Flüssigkeit fehlt.
- Dazu schmeckt Zwiebelbaguette oder Toast.

Bruder Karls Tipp:

Die Backofensuppe lässt sich gut vorbereiten, wenn mehrere Familienmitglieder oder Gäste zu Besuch kommen und der Gastgeber sich ihnen widmen will, statt in der Küche zu verschwinden.

Junge Leute nehmen das Rezept gerne für eine Party-Suppe.

Suppen und Eintöpfe

Kalte russische Suppe

Dieses Originalrezept hat eine russische Küchenmitarbeiterin Bruder Karl verraten.

auch vegetarisch möglich

Zutaten
1 l Buttermilch
1 Bund Radieschen
4 Eier
100 g gekochter Schinken
Schnittlauch
Petersilie
Sauerampferblätter
1 gehäufter TL Senf
100 ml Gurkenbrühe
Salz, Pfeffer
1 Prise Knoblauchpulver oder eine frische Zehe

Zubereitung
- Radieschen putzen, waschen, halbieren und vierteln.
- Eier kochen, schälen und in Stifte schneiden.
- Schinken würfeln.
- Frische Kräuter waschen, klein schneiden.
- Buttermilch, Gurkenbrühe und Senf verrühren und mit den vorbereiteten Zutaten mischen und würzen.

Bruder Karls Tipp
Diese Suppe eignet sich auch als delikate Salatsoße.
Soll sie eine Hauptmahlzeit werden, gibt man 4 gekochte und gewürfelte Kartoffeln dazu.
Ohne Schinken ist die Suppe vegetarisch.

Suppen und Eintöpfe

Juni-Suppe

vegetarisch

Zutaten

500 g Erdbeeren
200 g Johannisbeeren
3 EL Zucker
1 Päckchen Erdbeerpudding
½ l Milch
2 EL Zucker
½ l roter Obstsaft
Saft von 1 Zitrone
¼ bis ½ l Milch

Zubereitung

- Erdbeeren waschen, putzen, in Viertel schneiden und zuckern,
- Johannisbeeren waschen, vom Stiel entfernen, einige zum Garnieren beiseitestellen.
- Erdbeerpudding nach Anweisung auf der Packung kochen und unter Rühren erkalten lassen.
- Dabei Saft, Zitronensaft und Milch einrühren.
- Johannisbeeren mit den Erdbeeren in die Suppe geben und garnieren.

 ### Bruder Karls Tipp

Statt der saisonalen Früchte können auch andere frische Obstsorten verwendet werden, die es auf dem Markt gibt oder die im eigenen Garten gereift sind.

Suppen und Eintöpfe

Suppeneinlagen

Bouillon mit verschiedenen Einlagen

Zutaten
1 kg Suppenfleisch (Beinscheibe, Fleischknochen, Markknochen, Querrippe)
2 Möhren
1 Stange Lauch
½ Knolle Sellerie
Petersilienwurzel
1 Zwiebel
1 Knoblauchzehe
Salz, Pfeffer, Lorbeerblatt
1,5 l Wasser

Zubereitung
- Fleisch kalt abspülen und mit dem Wasser aufsetzen. Gemüse putzen, waschen, grob zerkleinern, dazugeben und mit den Gewürzen ca. 2 Stunden köcheln lassen. Schaum mit einem Schaumlöffel abschöpfen.
- Durchsieben und noch einmal abschmecken.
- Einlagen hineingeben und mit Petersilie servieren.

Fettklößchen

vegetarisch

Zutaten
20 g flüssige Butter (zimmerwarm)
5 - 6 Zwieback
Salz, Pfeffer, Muskat
1 Msp. Natron
1 Ei
Petersilie, gehackt

Zubereitung
- Zwieback in einer Plastiktüte mit einem Fleischklopfer fein zerkleinern.
- Mit den restlichen Zutaten vermischen, zu Klößchen formen und in der Brühe gar ziehen lassen.

Variante
Diese Klößchen gab es, wenn nicht mehr genug Markknochen zur Hand waren. Heute sind sie die vegetarische Variante zu den Markklößchen.

Suppeneinlagen

Grießmehlklößchen

vegetarisch

Zutaten
¼ l Milch
150 g Grieß
2 Eier
20 g Butter
¼ TL Salz
1 Msp. Muskat
1 EL geriebenen Parmesan

Zubereitung
- Milch mit den Gewürzen unter ständigem Rühren zum Kochen bringen.
- So viel Grieß hineinrühren, bis sich die Masse vom Topf löst.
- Vom Herd nehmen und ganz schnell die Eier (damit sie nicht gerinnen) nacheinander in die Kloßmasse hineinrühren, anschließend Butter und Käse unterrühren.
- Mit einem Löffel abstechen (oder mit feuchten Händen rollen) und in der Brühe garen.

Markklößchen

Zutaten
100 g Mark aus Rinderknochen
2 altbackene Brötchen
2 Eier
Salz, Pfeffer, Muskat
3 - 4 EL Paniermehl
6 EL Mehl
gehackte Petersilie

Zubereitung
- Mark aus den Knochen heraus pulen, in einer Pfanne langsam zergehen lassen und durch ein Sieb streichen.
- Brötchen einweichen, ausdrücken und mit dem Mark und den anderen Zutaten vermischen.
- Klößchen formen und in der Brühe garen.

Suppeneinlagen

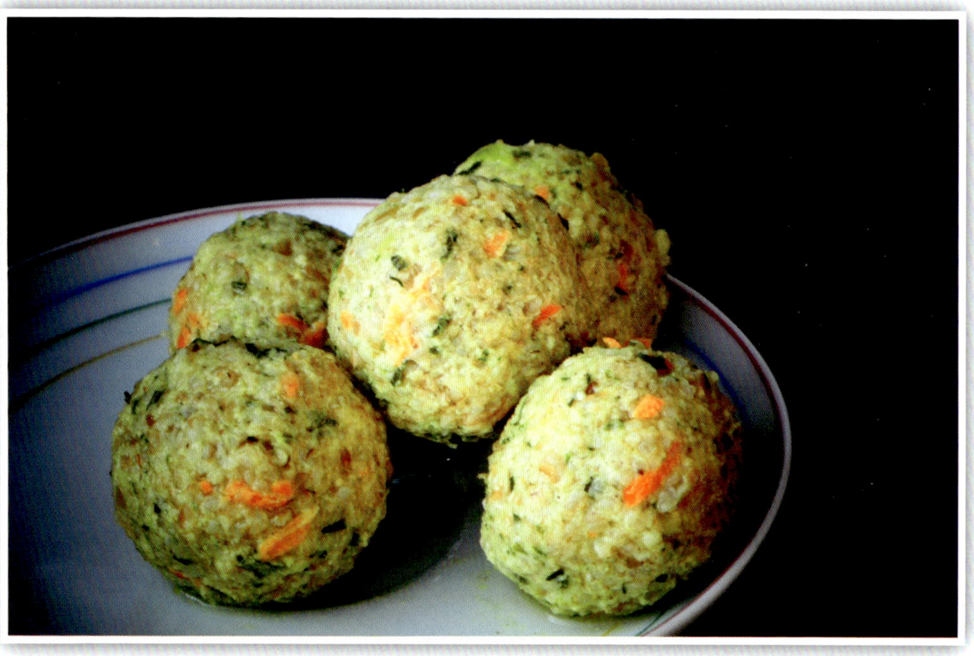

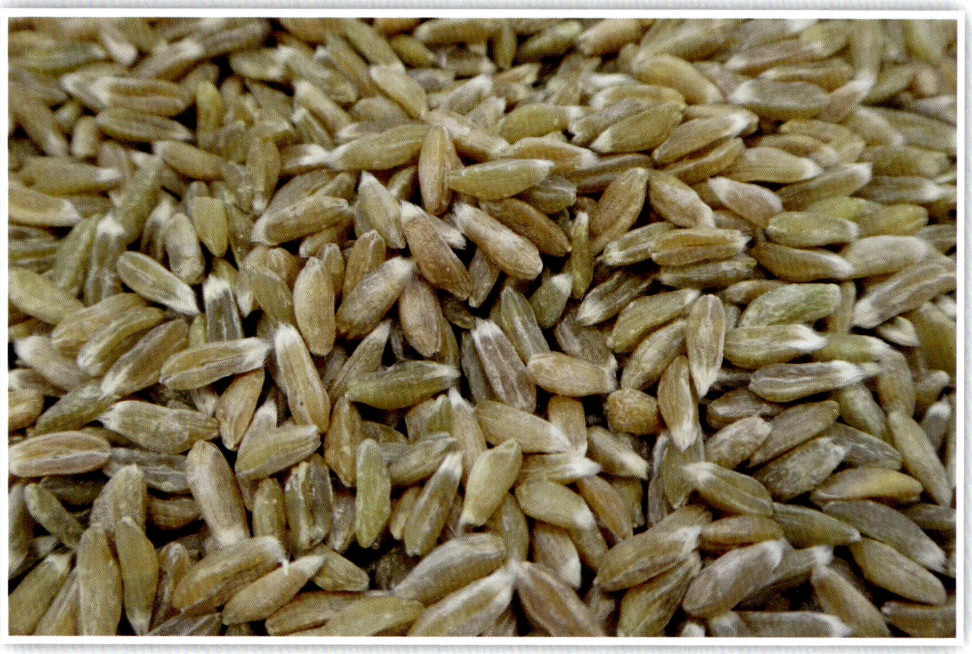

Grünkernklößchen

vegetarisch

Zutaten

25 g Butter
100 ml Milch
75 g Grünkern gemahlen
1 Ei
1 kleine Möhre
1 EL Kräuter, gehackt (Petersilie, Schnittlauch, Selleriegrün)
Salz, Pfeffer, Muskat
ca. 1 - 2 EL Paniermehl
1 l Gemüse- oder Fleischbrühe

Zubereitung

- Butter und Milch kochen, Grünkern dazugeben und abkühlen lassen.
- Ei, mittelgrob geraspelte Möhre, Kräuter und Gewürze einrühren.
- So viel Paniermehl untermischen, bis die Masse nicht mehr klebt.
- Klößchen formen und in der heißen Brühe ca. 10 Minuten gar ziehen lassen.

Tipp

Zu einer schönen Rindfleischsuppe gehörten auch immer Suppeneinlagen.
Wenn man Blumenkohlröschen frisch in der Brühe kocht, gibt es einen sehr leckeren Geschmack. Noch ein Wort zum Geschmack: Fett ist ein Geschmacksträger. Also dürfen ruhig ein paar mehr Augen aus der Suppe herausschauen als hinein!

Suppeneinlagen

Mutschelmehlklöße

vegetarisch

Zutaten
300 g Mutschelmehl
1 Ei
1 Prise Salz, Muskat
20 g Butter (zerlassen)
20 g Quark
Petersilie, fein gehackt

Zubereitung
- Alles gut verrühren, 1 Stunde stehen lassen. Falls der Teig zu fest ist, mit ca. 2 EL Fleischbrühe verdünnen.
- Mit einem Teelöffel in die kochende Brühe hinein abstechen.
- 5 Minuten köcheln lassen.

Bruder Karls Tipp

Mutschelmehl kennt man auch unter dem Namen Ulmer Mutschelmehl. Dieses Paniermehl wird aus Weißbrot ohne Rinde gemahlen. Die Klöße fallen nicht auseinander. Außerdem sind sie luftig und mit der Zeit quellen sie gut auf.
Im Internet kann man das Mutschelmehl bestellen.

Suppeneinlagen

Kein Tag ohne Salat und Gemüse

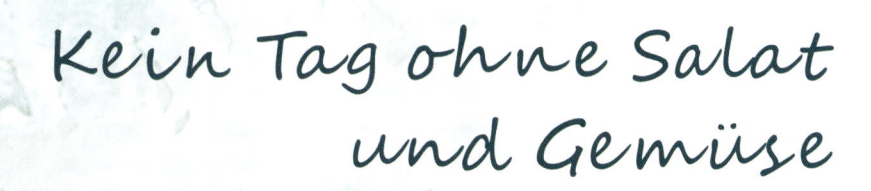

Diese „Frischen" sind für Bruder Karl wahre Gottesgeschenke aus der Natur. Aktuelle Studien belegen den gesundheitlichen Wert von Salat und Gemüse – und zudem zaubern sie eine Palette an bunten Farben, köstlichen Düften und frischem Geschmack auf den Tisch.

Darum sollten Salat und Gemüse, am besten Bio, täglich genossen werden, ob als „Frischehäppchen" zwischendurch, Vor- oder Hauptspeise. Die Möglichkeiten der Zubereitung sind nahezu grenzenlos. Hier einige Beispiele:

Yum-Yum-Salat

Bruder Karls Namensschöpfung dafür ist **Ramba-Zamba**-Salat.

vegetarisch

Zutaten

½ Chinakohl

1 kleine Zwiebel

1 Päckchen chinesische Nudeln

2 EL Öl, 2 EL Essig

1 TL Salz, ½ TL Zucker

300 ml Wasser

chinesische Gewürzmischung (ist in der Nudelpackung dabei)

Garnierung: Kürbiskerne, weiße halbe Mandeln, rote Paprikastreifen

Zubereitung

- Nudeln mit der Würzmischung in eine Schüssel geben,
- kochendes Wasser zugießen und 4 Minuten ziehen lassen, gelegentlich umrühren.
- Chinakohl putzen, in Streifen schneiden und waschen.
- Zwiebel schälen und würfeln.
- Alles zusammen gut vermischen.

Bruder Karls Tipp

Dieses Rezept gehört zwar nicht zu den alten überlieferten Rezepten, doch inzwischen ist dieser Salat, der sich schnell zubereiten lässt, bei vielen Gästen und den Ordensbrüdern so beliebt, dass er auf der Klosterspeisekarte zum festen Bestandteil geworden ist.

Linsen-Rotkohl-Salat

vegetarisch

Salate und Gemüse

Zutaten

½ mittlerer Rotkohlkopf
1 TL Salz
120 g braune Linsen
(ohne einzuweichen)

Vinaigrette

1 EL Senf
1 EL Apfelessig
3 EL Olivenöl
1 TL Agavendicksaft
oder Honig
½ Camembert

Zubereitung

- Rotkohl putzen und in feine Streifen schneiden. Mit dem Salz kräftig durchkneten und fest andrücken. Mindestens 10 Minuten ruhen lassen.
- Die Linsen in kaltes Wasser geben und 20 Minuten kochen.
- In der Zwischenzeit die Vinaigrette zubereiten und den Camembert in kleine Würfel schneiden,
- Linsenwasser abgießen und die Linsen mit kaltem Wasser abschrecken.
- Mit dem Rotkohl und der Vinaigrette gut vermischen. Camembert in Würfel schneiden und darüber verteilen.

Bruder Karls Tipp

Zu diesem besonderen Salat werden Kartoffeln gegessen. Ebenso passt am Abend auch gut Brot dazu. Bruder Karl mag dazu sehr gerne gekochte Birnenhälften, die als Garnitur oben draufgesetzt werden.

Salate und Gemüse

Vinaigrette

Zutaten

2 EL Senf

5 EL Pflanzenöl

50 ml heißes Wasser

1 EL Essig

Abschmecken mit:

Salz, Pfeffer,

Zucker,

Zitronensaft,

frischen Salatkräutern,

Paprikapulver,

Tomatenmark.

Zubereitung

Die ersten Zutaten gut mixen. Dann je nach Geschmack mit den anderen Zutaten variieren.

Bruder Karls Tipp

Eine Vinaigrette basiert immer auf demselben Grundrezept, auf Weinessig-Basis, doch kann man ihr zum Beispiel mit ein wenig Honig eine milde Süße geben.

Salate und Gemüse

Sauerampfer-Wurzel-Salat

vegetarisch

Zutaten
1 Kohlrabi
4 Möhren
¼ Sellerieknolle
1 Zweig Selleriegrün
1 Handvoll Sauerampferblätter
3 - 4 EL saure Sahne
2 EL Olivenöl
Pfeffer, Salz
1 Prise Zucker
1 EL Zitronensaft
1 EL Pinienkerne
1 EL Sonnenblumenkerne

Salate und Gemüse

Zubereitung

- Kerne in der Pfanne goldgelb rösten und beiseitestellen.
- Gemüse waschen, schälen und grob raspeln, Blätter vom Sauerampfer und Selleriegrün in feine Streifen schneiden.
- Aus den anderen Zutaten eine Soße rühren und Gemüse damit vermischen.
- Kerne zum Garnieren oben drüberstreuen.

Bruder Karls Tipp

Frisch gepflückte unbehandelte Sauerampferblätter, die auf Wiesen oder am Wegrand wachsen, eignen sich sehr gut auch für ein Pesto. Vor allem wegen seines hohen Vitamin C-Gehaltes ist Sauerampfer sehr gesund, doch sollte man nur junge Blätter des Krautes und nicht zu viel - wegen des Oxalsäuregehaltes - davon verzehren.

Salate und Gemüse

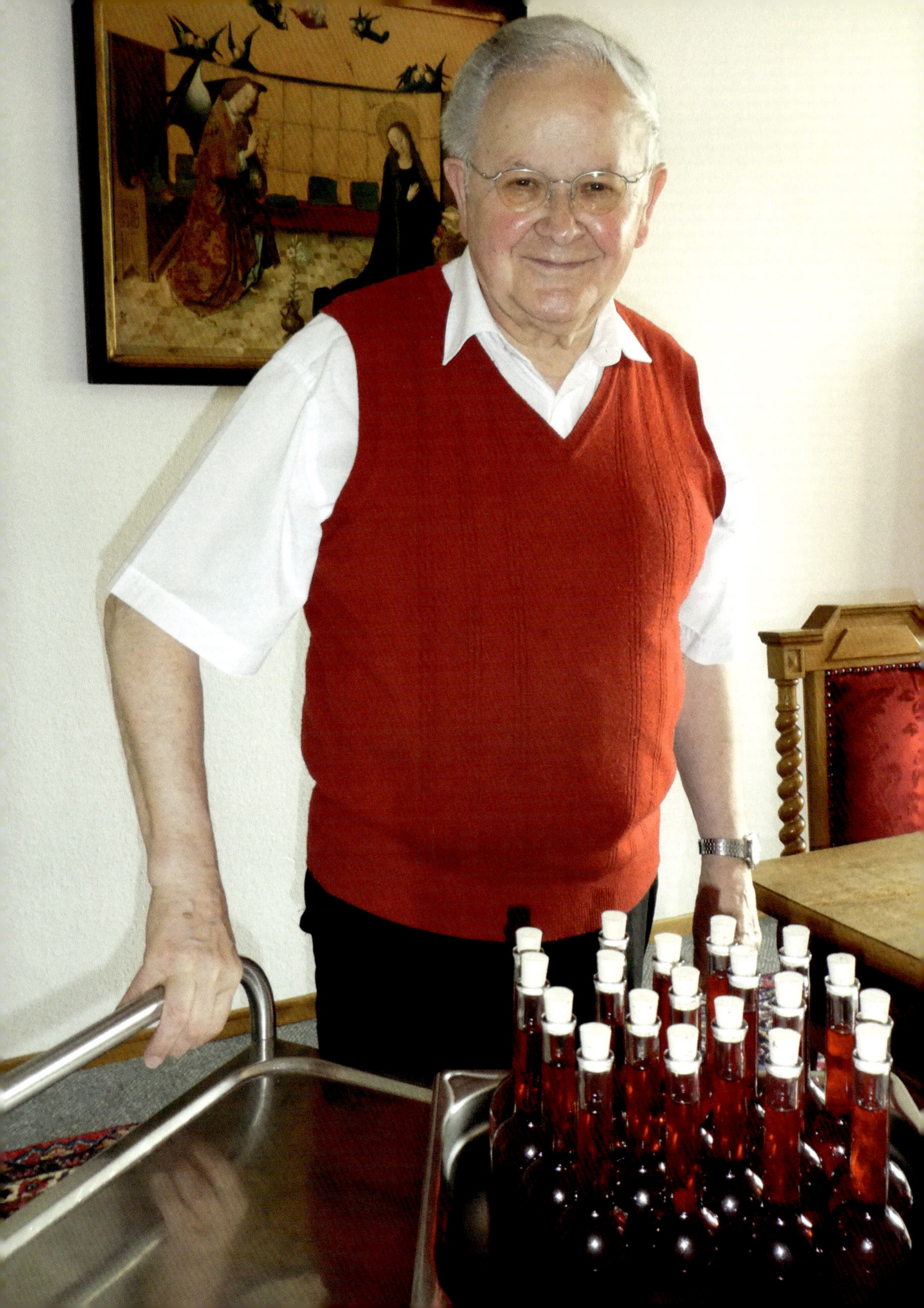

Fruchtessig á la Bruder Karl

Bruder Karl war 1991 für sechs Wochen in Afrika/Namibia auf der Missionsstation Bonja am Fluss Ocowango. Bei einer Küchenschwester beobachtete er, wie sie eine überreife Papaya in einen Bottich legte, in dem sich schon Erdbeeren, Mango, Orangen, Zitronen und andere Früchte befanden. Da dies bei den hohen Temperaturen bald gärte, hatte man immer fruchtigen Essig zum Kochen. Seit dem Besuch in Afrika „sammelt" Bruder Karl gern Früchte, die in der Küche übrig bleiben, für seinen beliebten Fruchtessig.

Zutaten
1 l Weinessig (5%)
500 g verschiedene reife Früchte
150 g Zucker

Zubereitung
- Früchte putzen, waschen, zerkleinern und abtrocknen,
- mit dem Zucker und dem Weinessig mischen und zugedeckt ca. 8 - 10 Tage kühl stellen.
- Durch ein Leinentuch sieben und in saubere Flaschen abfüllen.

Bruder Karls Tipp
Aus den Früchten für den Weinessig kann man eine leckere Salatsoße kreieren. Sie werden durch die Flotte Lotte gestrichen, dann mit ⅛ l Wasser, 2 - 3 EL Öl, Salz und Pfeffer vermischt. Je nach Geschmack können auch kleine Zwiebelwürfel dazugegeben werden.
Diese Soße hält sich einige Tage im Kühlschrank.

Salate und Gemüse

Aubergine im Bierteig

Zutaten
1 Aubergine
Salz, Pfeffer

Bierteig
2 Eier
100 g Mehl
4 EL Parmesan
Salz, Pfeffer
1/8 l Bier (oder Wasser)
Pflanzenöl

Zubereitung
- Aubergine waschen, in 1 cm dicke Scheiben schneiden und würzen.
- Die Eier für den Ausbackteig schlagen, dann mit den anderen Zutaten zu einem glatten Teig verarbeiten.
- Die Auberginenscheiben abtrocknen, einzeln in den Teig tauchen und im heißen Öl in der Pfanne goldgelb braten.

Bruder Karls Tipp
Auberginen nie schälen. Da dieses Fruchtgemüse besonders reich an Vitamin B1, B2, Folsäure und Ballaststoffen ist, die sich vor allem in der Schale befinden, sollte die unbedingt mitverzehrt werden.

Salate und Gemüse

Champignonköpfe, eingelegt

vegetarisch

Zutaten

200 g kleine, frische Pilzköpfe
1 Schuss Rotwein
1 EL Balsamico
Salz, Pfeffer
1 Prise Zucker
1 kleine Zwiebel
Olivenöl

Zubereitung

- Zwiebel schälen, in kleine Würfel schneiden und in Olivenöl glasig dünsten.
- Pilze putzen, mit den restlichen Zutaten dazugeben und noch 5 Minuten dünsten,
- Pilze herausnehmen und den Fond einreduzieren.
- Pilze und Zucker hineingeben und einen halben Tag durchziehen lassen.
- Einige Tage im Kühlschrank haltbar.

Bruder Karls Tipp

Pilze putzen heißt, die Anschnittstellen abschneiden und mit einem trockenen Tuch abreiben. Nicht waschen, da sie sich vollsaugen, schwammig werden und an Geschmack verlieren.

Salate und Gemüse

Paprika rot/grün

vegetarisch

Zutaten

Je 1 rote und
1 grüne Paprika

Hünfelder Kräutersalz

evtl. Pflanzenöl

Zubereitung
- Paprika waschen, vierteln und Inneres herauslösen,
- im Backofen grillen oder in der Pfanne mit Öl langsam braten.

Bruder Karls Tipp

Bunte, frische Vorspeisen wie diese Variante mit Paprika sind der gelungene Auftakt für eine gemeinsame Mahlzeit und erfreuen Herz und Gaumen. Außerdem bereichern sie jedes Büffet.

Salate und Gemüse

Mozarella-Teller

Zutaten

Mozarellawürfel oder -kugeln
Kirschtomaten
schwarze Oliven
geraspelter Parmesan
Rucola

Zubereitung

Gemüse waschen, abtrocknen, auf einer Platte den Rucola ausbreiten und die anderen Zutaten darauf verteilen. Nach Bedarf Parmesan darüberstreuen.

Zucchini, eingelegt – Relish

Ca. 5 mittlere Gläser, Haltbarkeit 10 Monate

vegetarisch

Zutaten
6 Tassen Zucchini
2 EL Salz
1 Zwiebel
1 EL Stärkemehl
2 EL Wasser
Je ½ Paprika, rot und gelb

Sud
1 ½ Tassen Weinessig (5%)
1 ½ Tassen Zucker
½ TL Kurkuma gemahlen
knapp ½ TL Muskat
½ TL Selleriesalz
1 EL Senf
½ TL Pfeffer

Zubereitung
- Zucchini waschen, putzen und in 2 cm große Würfel schneiden,
- mit dem Salz vermischen, über Nacht stehen lassen und die Brühe weggießen.
- Zwiebel schälen und in kleine Würfel schneiden.

Salate und Gemüse

- Für den Sud alle Zutaten mischen und kurz aufkochen.
- Zucchini mit den Zwiebeln dazugeben und kochen, bis diese bissfest sind.
- Paprika waschen, von den Kernen befreien, in kleine Würfel schneiden und dazugeben.
- Stärkemehl mit 2 EL Wasser vermischen und hineinrühren.
- Alles noch einmal kurz aufkochen.
- Heiß in Twist-off-Gläser füllen, Deckel drauf und 10 Minuten auf den Kopf stellen.

Bruder Karls Tipp

Am besten kleine Früchte verwenden, die etwa 20 cm lang sind.
Dann ist die Schale so zart, dass man die Zucchini nicht schälen muss.

Salate und Gemüse

Kalter Meerrettich

vegetarisch

Zutaten
¼ Stange Meerrettich
Saft einer ½ Zitrone
¼ TL Salz
¼ TL Zucker
1 Becher Schlagsahne

Diese Wurzel hat ein köstliches Aroma, zudem heilende Wirkung u.a. bei Infektionen. Bruder Karls frischer Meerrettich ist besonders beliebt und gibt so manchem Gericht die richtige Würze.

Zubereitung
- Meerrettich schälen und reiben (mittelgroße Löcher),
- Sahne steif schlagen und alles zusammen mit den Gewürzen mischen.

Bruder Karls Tipp
Sollte die Sauce aus Versehen mal zu scharf geworden sein, kann man sie mit Semmelbröseln strecken.
Da oft nicht die ganze Meerrettichwurzel verbraucht wird, bietet es sich an, den restlichen Teil mit Salz und Zitrone zu mischen und einzufrieren.

Suppen und Eintöpfe

Hauptgerichte

Der Höhepunkt eines jeden Menüs ist für Bruder Karl und ebenso für die Gäste das Hauptgericht, auch Hauptspeise zwischen der Vor- und der Nachspeise. Es wird meistens warm zubereitet und serviert.

Hünfelder Krautpfanne

Zutaten

200 g Hackfleisch halb und halb
(durch die mittlere Scheibe gedreht)
80 g Speck durchwachsen (Würfel)
1 Zwiebel
Kümmel, Salz, Pfeffer
Gemüsewürze
Pflanzenöl

¼ Tasse Wasser
½ Kopf Weißkraut
½ Kopf Spitzkohl
(zusammen ca. 400 - 500g)
1 - 2 EL Speisestärke
½ Tasse Wasser

Zubereitung

- Zwiebel schälen und würfeln. Mit den Speckwürfeln in einer hohen Pfanne (Auflaufform) im Pflanzenöl glasig werden lassen. Gehacktes und die Gewürze dazugeben und 5 Minuten dünsten.
- Weißkraut und Spitzkohl putzen, feinschneiden und dazugeben. Mit Deckel 10 Minuten dünsten. Durcheinanderrühren und mit in kaltem Wasser angerührter Speisestärke andicken.
- Dazu schmecken Salzkartoffeln und ein Salatteller.

Bruder Karls Tipp

Zu den Resten vom Weißkraut und Spitzkohl wird noch eine Möhre geraspelt und das Ganze mit Salz, Pfeffer, Essig und Öl zu einem Salat verarbeitet, der im Kühlschrank einige Tage haltbar ist.

Rhöner Kartoffelkuchen mit Kräuterschmand

(1 Blech für 6 Personen)

Zutaten

500 g Kartoffeln am Vortag gekocht

80 g Dörrfleisch

2 mittelgroße Zwiebeln

1 mittelgroße Stange Porree

Pflanzenöl

Salz, Pfeffer

Muskat, Knoblauchpulver

3 Eier

1 Becher Schmand

150 g geriebener Käse

Kräuterschmand

1 Becher Crème fraîche

100 ml Buttermilch

Saft ½ Zitrone

Salz, Pfeffer

frische Kräuter der Saison

Zubereitung

- Kartoffeln in feine Scheiben schneiden,
- Zwiebeln schälen, würfeln und mit dem gewürfelten Dörrfleisch anbraten.
- Lauch putzen, waschen, in feine Ringe schneiden und mitdünsten,
- Eier, Schmand und die Gewürze verrühren und alles gut vermischen.
- Zum Schluss die Masse unter die Kartoffeln heben.
- Hohes Blech (Fettpfanne) mit Backpapier auslegen, Masse darauf verteilen und glattstreichen,
- Käse darüberstreuen.
- Backofen vorheizen und bei 180 Grad 25 Minuten goldbraun überbacken.
- Für den Kräuterschmand die Zutaten gut verrühren.
- Dazu passt ein bunter Salatteller.

Geschichte

In der Rhön waren die Menschen früher sehr arm, deshalb wurde übrig gebliebenes Essen vom Vortag neu zubereitet und wieder auf den Tisch gebracht. Kartoffeln, Eier und Milchprodukte gab es immer auf dem Hof, sie erfuhren eine schmackhafte neue Verarbeitung.

Hauptgerichte

Linsenbratlinge

vegetarisch

Zutaten

250 g rote Linsen

doppelte Menge Gemüsebrühe oder Salzwasser

1 Möhre

1/8 Sellerieknolle

½ Chilischote

1 Ei

150 g Frischkäse

1 TL Ingwer

Salz, Pfeffer

3 EL Semmelbrösel

frische Petersilie oder Koriander fein gehackt

Butterschmalz zum Braten

Zubereitung

- Linsen gut waschen und 7 - 10 Minuten köcheln, bis das Wasser verkocht ist und die Linsen zerfallen. Diese in eine Schüssel geben und mit einer Gabel zerdrücken.
- Möhre, Sellerie und Ingwer putzen, schälen und fein reiben,
- Chili von den Kernen befreien und fein hacken,
- Ei, Käse und den Rest der Zutaten zu den Linsen geben und alles gut vermischen,
- Sollte der Kloß zu feucht sein, noch Semmelbrösel dazugeben.
- Die Masse ruhen lassen.
- Bratlinge formen und in Butterschmalz kross braten.
- Dazu gibt es Kartoffeln und einen bunten Salat.

Bruder Karls Tipp

Statt Frischkäse kann man Käsereste verwenden. Scheiben oder Camembert in Würfel schneiden und untermischen.

Gaalbern-Auflauf

vegetarisch

Zutaten
6 Birnen
250 Magerquark
1 Becher Schmand
Saft ½ Zitrone
100 - 120 g Zucker
¼ TL Vanille
2 EL gehackte Nüsse gemischt
Butter
Butter zum Einfetten

Soße
1 Päckchen Vanillesoße
½ L Milch
2 EL Zucker

Hauptgerichte

Zubereitung

- Birnen waschen, schälen, vom Kerngehäuse befreien und in Spalten schneiden.
- Eine Auflaufform fetten und die Spalten hineinschichten,
- Quark, Schmand, Zitrone, Zucker und Zimt gut verrühren und darüberschütten,
- die Nüsse darüberstreuen,
- Butterflöckchen darauf verteilen.
- Im Backofen bei 180 - 200 Grad etwa 20 - 30 Minuten backen.

- Für die Soße 3 EL von der Milch abnehmen und das Pulver darin glattrühren.
- Die restliche Milch aufkochen, vom Herd nehmen und das angerührte Pulver hineinrühren.
- Noch einmal aufkochen lassen und mit Zucker abschmecken.

Tafelspitz

Zutaten
1 kg Tafelspitz
2 Möhren
1 Stange Lauch
¼ Knolle Sellerie
1 Petersilienwurzel
Salz, Pfeffer,
5 Lorbeerblätter
je 5 Wacholderbeeren, Pfefferkörner

Zubereitung
- Fleisch in kochendes Wasser geben,
- Gemüse putzen, waschen, grob zerkleinern und mit den Gewürzen ca. 2 - 2 ½ Stunden kochen.
- Zum Fleisch gibt es folgende Soßen:

Soße westfälisch

Zutaten
500 g Zwiebeln
Pflanzenöl oder Butterschmalz
2 EL Mehl
1 Eigelb
1 TL Salz, 2 EL Zucker,
3 EL Essig, Pfeffer

Zubereitung
- 2/3 Zwiebeln schälen, vierteln, mit Brühe bedecken und kochen,
- 1/3 Zwiebeln in kleinen Würfeln in Fett dünsten,
- Mehl dazu und mit Brühe aufkochen.
- Alles zusammengießen und mit dem Zauberstab fein pürieren.
- Mit einem Eigelb legieren und mit den Gewürzen abschmecken.

Hauptgerichte

Soße hessisch

Zutaten
1 kleine Zwiebel
1 EL Butter
1 EL Mehl
etwas Fleischbrühe
1/8 l Sahne
Salz, Pfeffer, Zucker,
Essig
1 Apfel
1 Gläschen Meerrettich pur, ohne Sahne

Zubereitung
- Butter schmelzen, Zwiebel schälen, würfeln, darin glasig dünsten. Mit kalter Fleischbrühe und Sahne aufgießen und nochmal aufkochen. Apfel schälen und putzen, hineinreiben. Mit den Gewürzen und Meerrettich abschmecken.
- Fleisch in Scheiben schneiden, mit den verschiedenen Soßen nach Geschmack und Salzkartoffeln anrichten.
- Dazu schmecken grüner Salat, Rote-Beete-Salat oder Senfgurken.

Geschichte

Auf jeder westfälischen Hochzeit und an Festtagen wurde richtig geschlemmt.
Da gab es immer Tafelspitz. Auch wurde ein Huhn gekocht.

Vorspeise: Beide Brühen wurden gemischt und als Einlage gab es Eierstich, Grießmehlklößchen oder sogenannte Fettklößchen.

Hauptgang: Schweinebraten und Schnitzel, außerdem Rindfleisch mit Zwiebelsoße – „Daran können sich die Leute tot dran essen, die haben das ohne alles gegessen, das ist heute noch so. Es wurde aus Suppentellern gegessen, damit viel Soße drauf passte."

Wenn das Huhn gekocht wurde, waren Magen und Herz dabei. Sie waren 5 Kinder zu Hause, da wurde der Magen durch 4 geteilt und das 5. Kind bekam das Herz.
Das übrige Hühnerfleisch wurde aufgehoben und am nächsten Tag als Hühnerfrikassee gegessen.

Hauptgerichte

Pannas mit gebratenen Apfelringen

Zutaten

½ l Wurstbrühe
200-250g Weizenmehl
Salz, Pfeffer, Majoran
evtl. 1 Schuss Blut
(beim Metzger besorgen)
Schmalz
2 Äpfel
1 Zwiebel
Butter

Zubereitung

Einen Tag vorher:
- So viel Weizenmehl in die Wurstbrühe hineinrühren, bis eine dickliche Masse entsteht, würzen und kurz aufkochen.
- Will man das Gericht dunkel haben, rührt man einen Schuss Blut hinein, dann in eine eckige Form gießen und kaltstellen.

Am nächsten Tag:
- Die Zwiebel schälen, in Ringe schneiden und dünsten.
- Aus den Äpfeln das Kerngehäuse entfernen, die Äpfel in Ringe schneiden und mit der Schale in Butter braten.
- Stürzen, in 1 ½ cm dicke Scheiben schneiden, in Schmalz knusprig backen und mit Zwiebeln und Äpfeln garnieren.

Dazu gibt es Roggenbrot mit Kümmel, Pumpernickel oder Kartoffeln.

Bruder Karls Tipp

Pannas, auch Pannhas geschrieben, gab es früher immer nach dem Schlachten. Die Wurstbrühe schmeckte köstlich, vor allem, wenn mal eine Wurst beim Kochen darin geplatzt war.
Dieses Rezept wollen wir Ihnen nicht vorenthalten, haben aber die Mengen verkleinert. So sind sie eine köstliche Vorspeise bzw. eine Kostprobe.
Man kann auch Blutwurst aus der Dose nehmen und braten.

Hauptgerichte

Schwalbennester (Rouladen)

Zutaten

4 Rouladen (Rind)

100 g Gehacktes halb und halb, gewürzt mit

Salz, Pfeffer

Paprikapulver

1 Ei

Füllung Rouladen

4 Eier

Senf, Pfeffer, Salz

Soße

1 Zwiebel

1 Möhre

¼ Sellerieknolle

¼ Porreestange

1 EL Tomatenmark

Salz, Pfeffer

Salbei, Thymian,

Estragon, Basilikum

(oder Kräutermischung für Fleisch)

Butterfett

½ l Wasser

Zubereitung

- Eier kochen (ca. 6 - 8 Minuten), abschrecken und schälen.
- Rouladen mit Senf bestreichen und Salz und Pfeffer würzen.
- Gehacktes würzen und darauf verteilen, Fleisch mit je einem Ei zusammenrollen und mit einer Rouladennadel zusammenstecken.
- Im Butterfett von allen Seiten braun anbraten, dann mit Wasser ablöschen.
- Gemüse für die Soße putzen, waschen, zerkleinern und zu der Soße geben.
- Alles ca. 1 ½ - 2 Stunden garen.

Dazu gibt es Kartoffelpüree und Leipziger Allerlei.
Das Gemüse wird auf einer Servierplatte verteilt. Darauf spritzt man den Kartoffelbrei mit dem Spritzbeutel zu kleinen runden Nestern. Die Rouladen werden in der Mitte durchgeschnitten und hineingesetzt.

Geschichte

Weil das sehr viel Aufwand ist, gibt es dieses Gericht nur an Klosterfeiertagen oder anderen Festtagen.

Es gab einen Haushälterinnen-Verein, den St. Elisabet-Verein. Die zukünftigen Haushälterinnen (50 an der Zahl) absolvierten im Januar immer einen Kurs im Kloster, um zu lernen, was ihre zukünftigen Aufgaben waren.

Anschließend ging man in die Gaststätte am Praforst in der Nähe von Hünfeld zum Essen. Da hatte Karl die Idee, sie könnten auch im Kloster essen. Mit den Kochlehrlingen konnte er auf diese Weise gut üben, ein Festmahl zuzubereiten, und hatte damit viel Erfolg. Inzwischen sind es nur noch 25 Haushälterinnen, viele Priester machen sich selbst das Essen oder gehen irgendwohin, es gibt ja an jeder Ecke was zu essen. Diese benötigen dann keine Haushälterin mehr.

Rosenkohl-Pilz-Pfanne

vegetarisch

Zutaten
800 g kleine Kartoffeln
1 EL Salz
500 g Champignons
500 g Rosenkohl
1 Zwiebel
4 Stängel Rosmarin
2 EL Olivenöl
Salz, Pfeffer
1 EL Balsamico-Essig
1 TL Honig

Zubereitung

- Kartoffeln mit Schale und Salz, mit Wasser bedeckt kochen,
- abschütten, schälen und in Würfel schneiden.
- Rosenkohl am Strünkchen abschneiden, äußere Blätter entfernen und unten kreuzweise einschneiden, 6 - 8 Minuten blanchieren, abschütten und eiskalt abschrecken.
- Röschen halbieren.
- Champignons abwischen, putzen und vierteln.
- Zwiebel schälen und in kleine Würfel schneiden,
- in einer Pfanne Olivenöl erhitzen, Zwiebel mit 2 Rosmarinstängeln darin glasig werden lassen, Honig und Gewürze dazugeben.
- Rosmarinstängel wieder herausnehmen und 1 zerkleinerter Stängel (nur die Nadeln) und die Pilze dazugeben und 2 - 3 Minuten darin schwenken.
- Die Kartoffeln und Rosenkohl dazugeben und erwärmen.
- Mit Rosmarin garnieren.

Bruder Karls Tipp

Grünes Gemüse, wie zum Beispiel Rosenkohl, wird mit eiskaltem Wasser abgeschreckt, so wird die grüne Farbe erhalten. Er gart nicht mehr nach und bleibt fest.

Olivenöl gibt es in verschiedenen Sorten, man sollte zum Braten nicht das kaltgepresste nehmen. Eine Beratung bei einem guten Händler ist anzuraten.

Pellkartoffeln werden zwar mit der Schale gekocht, aber die Zugabe von Salz bewirkt, dass sie schon ein bisschen Geschmack bekommen.

Spinatkuchen

vegetarisch

Zutaten
275 g Blattspinat (TK)
1 Rolle Blätterteig, frisch
1 kleine Zwiebel
etwas Öl
1 TL Kreuzkümmel
Salz, Pfeffer
Knoblauchsalz
1 EL Sonnenblumenkerne
2 Eier

Zubereitung
- Spinat auftauen lassen, Brühe abgießen und den Spinat ein bisschen ausdrücken, grob hacken.
- Zwiebel schälen, würfeln, glasig dünsten und mit den Gewürzen, Sonnenblumenkernen, 1 ganzes Ei und 1 Eiklar (das Eigelb für später aufheben) mit dem Spinat vermischen.
- Blätterteig aufrollen, die Platte mit einem Wellholz leicht vergrößern und mit dem Messer vierteilen. Die Spinatmischung auf die Mitte der 4 Stücke verteilen.
- Eigelb verquirlen und die Ränder damit bestreichen. Die Ecken hochschlagen und andrücken. Oberseite mit dem Resteigelb bestreichen.
- Im Backofen in der Mitte 15 - 20 Minuten bei 180 Grad backen.

Dazu gibt es einen bunten Salatteller.

Burgunderbraten

Zutaten

1 kg Rinderbraten
(Rolle aus der Unterschale)
4 Wacholderbeeren
2 Gewürznelken
3 Lorbeerblätter
Rotwein nach Bedarf
Salz, Pfeffer
1 Bund Suppengrün
2 Zwiebeln
2 EL Tomatenmark
2 EL Butterschmalz
Wasser nach Bedarf
2 - 3 EL Mehl zum Andicken

Zubereitung

- Fleisch mit Salz und Pfeffer einreiben,
- in einen Topf legen, der nicht größer ist als das Fleisch.
- Wacholder, Nelken und Lorbeeren in einen Teebeutel füllen und mit einem Faden zubinden, dazugeben und mit Rotwein übergießen, das Fleisch muss bedeckt sein.
- Abdecken und über Nacht stehen lassen.
- Zwiebeln und Suppengrün putzen, waschen und zerkleinern.
- Das Fleisch abtrocknen und im Butterschmalz mit den Zwiebeln anbraten.
- Gemüse und Tomatenmark dazugeben und braten, bis sich ein Bratensatz gebildet hat.
- Mit einem Schuss Rotwein und Wasser aufgießen und den Bratensatz lösen.
- Die Gewürze im Teebeutel mit hineingeben (später entfernen).
- Es sollte so viel Flüssigkeit im Topf sein, dass diese als Soße ausreicht.
- Noch einmal nachwürzen und ca. 1 ½ bis 2 Stunden sehr langsam schmoren lassen.
- Gewürze herausfischen.
- Noch vorhandenes Gemüse mixen oder abseihen,
- Mehl mit etwas kaltem Wasser verrühren und die Soße andicken.

Dazu passen Semmelknödel und ein grüner Salat.

Hauptgerichte

Zwibbelsploatz nach Klosterart

Blech für 6 Personen

auch vegetarisch möglich

Tipp für Vegetarier
Das Dörrfleisch einfach durch Porree ersetzen.

Zutaten Teig
250 g Mehl
½ Würfel Hefe
100 ml Wasser
1 Ei
1 Prise Salz
2 EL Öl

Zutaten Belag
1 dünne Scheibe Dörrfleisch
1 große Zwiebel
2 EL Öl
Salz, Pfeffer, etwas Muskat
1 Msp. Kümmel, gemahlen
½ Becher Crème fraîche
½ Becher Schmand
2 Eier

Zubereitung
- Die Zutaten für den Teig gut vermischen und den Teig gehen lassen,
- ausrollen und auf ein gefettetes Backblech geben.
- Für den Belag das Dörrfleisch in kleine Würfel schneiden, die Zwiebel schälen und auch würfeln, in der Pfanne mit dem Öl langsam glasig werden lassen.
- Etwas abkühlen und die restlichen Zutaten und Gewürze unterrühren.
- Die Masse auf dem Teig verteilen und glattstreichen.
  Im Backofen bei 170 Grad ca. 30 Minuten backen.

Hauptgerichte

Schweinelendchen mit Backpflaumen

(1 Tag vorher vorbereiten)

Zutaten

8 Scheiben Schweinelendchen
Pflanzenöl
Salz, Pfeffer
12 - 14 Backpflaumen ohne Stein
250 g Schmand
250 g Schlagsahne
1 kleine Flasche Chilisoße, mittelscharf, 200 - 300 ml

Zubereitung

- Lendchen in Öl anbraten und würzen, in eine Auflaufform legen. Bratenfett aufheben,
- Backpflaumen darüber in die Lücken verteilen,
- Bratenfett, Schmand und Sahne verrühren und darüberstreichen.
- Mit der Chilisoße übergießen und über Nacht stehen lassen.
- Im vorgeheizten Backofen auf einen Rost stellen und bei 180 - 200 Grad backen, eine dreiviertel Stunde garen.

Dazu schmecken Bandnudeln und ein gemischter Salatteller.

Hauptgerichte

Erdkohlrabi (Steckrüben) mit Leiterchen

Zutaten

1 Erdkohlrabi /(Steckrübe)
300 g Schweinebauch, gepökelt
1 l Wasser
1 TL Salz
1 TL Gemüsewürze
½ TL weißer Pfeffer
2 dicke Möhren
500 g Kartoffeln
je 1 Msp. Muskat und Kurkuma
100 g gewürfeltes Dörrfleisch
1 große Zwiebel

Öl
1 Becher saure Sahne
800 g frische Leiterchen
(flache Schweinerippen)
Salz, Pfeffer
3 EL Tomatenmark
1 Möhre
½ Sellerieknolle
2 Zwiebeln
1 l Wasser

Zubereitung

- Erdkohlrabi schälen, waschen, in grobe Würfel schneiden und mit den Gewürzen und Wasser vermischen.
- Gepökelter Schweinebauch darauflegen und eine Stunde köcheln. Dann das Fleisch herausnehmen.
- Möhren und Kartoffeln putzen, in grobe Würfel schneiden, dazugeben und noch einmal 20 - 30 Minuten kochen.
- Das Ganze stampfen und nach Geschmack Muskat und Kurkuma dazugeben.
- Zwiebel schälen, würfeln und mit dem Dörrfleisch in der Pfanne glasig werden lassen, unter die Masse geben und eventuell nachwürzen.
- Saure Sahne unterheben, es soll eine sämige Masse geben, nicht zu dick, eventuell noch etwas Wasser zugeben, gepökelten Bauch darauflegen und erwärmen.
- Leiterchen portionieren, würzen und anbraten, Gemüse putzen, kleinschneiden, mit dem Tomatenmark in den Topf geben und gemeinsam braten.
- Mit etwas Wasser aufgießen und einreduzieren.
- Nach 30 Minuten ist es gar.

Die Soße kann man durch ein Sieb streichen oder mit dem Stabmixer fein pürieren.
Leiterchen gegrillt, Bratwurst oder Frikadellen schmecken auch dazu.

Bruder Karls Tipp

Früher war Pökeln eine beliebte Konservierungsmethode, Fleisch wurde mit Nitritpökelsalz haltbar gemacht und bekam so auch einen leckeren Geschmack. Heutzutage ist gepökeltes Fleisch beim Metzger nicht immer vorrätig und man sollte es vorbestellen.

Frühlingspfanne

vegetarisch

Zutaten

200 g Reis (Wildreis-Mischung)
1 ¼ l Wasser
1 TL Salz
4 Stangen Rhabarber
300 - 400 g Erdbeeren
1 EL Distelöl
3 EL Zucker
1 Prise Vanille
¼ TL Kurkuma
1 Prise Salz
Erdbeerbalsamico

Hauptgerichte

Zubereitung

- Reis waschen, in kochendes Salzwasser geben und ohne Deckel ca. 20 - 25 Min. kochen, übriges Wasser abgießen.
- Öl in der Pfanne erhitzen, den Reis darin schwenken, mit Kurkuma und eventuell noch etwas Salz würzen.
- Erdbeeren waschen, putzen und je nach Größe halbieren oder vierteln.
- Rhabarber putzen, waschen, in 2 cm große Stücke schneiden.
- Mit Distelöl und etwas Zucker in der Pfanne anschwenken, Strom abstellen und mit dem Deckel verschließen.
- Nach 3 Minuten die Erdbeeren dazugeben und mit Zucker und Vanille abschmecken.
- Reis auf den Teller geben, eine Vertiefung in die Mitte drücken, mit den Früchten füllen und darauf Balsamico träufeln.
- Warm und kalt schmeckt es gleichermaßen.

Bruder Karls Tipp

Erdbeeren sind ganz empfindliche Früchte. Sie dürfen nicht gedrückt werden, außerdem sollten sie so frisch wie möglich verarbeitet werden. Gewaschen werden sie in reichlich Wasser. Erst dann wird der grüne Stielansatz entfernt.

Hauptgerichte

Püfferchen (Struwen)

vegetarisch

Zutaten

20 g frische Hefe

1 TL Zucker

150 - 200 ml Milch

250 g Mehl

1 Prise Salz

1 Ei

1 EL Korinthen

Butterfett zum Ausbacken

Zubereitung

- Hefe zerbröseln, mit Zucker und 150 g lauwarmer Milch verrühren,
- mit Mehl, Salz und Ei zu Teig verarbeiten.
- Die Korinthen waschen und dazugeben.
- Der Teig sollte zähflüssig sein, eventuell noch Milch dazunehmen.
- Bei Zimmertemperatur ca. 1 - 2 Stunden gehen lassen.
- Reichlich Öl in der Pfanne erhitzen, mit einem Esslöffel Portionen abstechen und ausbacken.

Bruder Karls Tipp

Vorher den Löffel in das heiße Öl tauchen, dann wird er warm und man kann den Teig besser portionieren.
Rosinen oder Korinthen (aus roten Trauben) sollte man vor dem Verarbeiten oder Naschen immer waschen!

Geschichte

Die Struwen gab es bei Karl früher nur am Karfreitag. Man spießte sie mit einer Gabel auf und aß sie zu einer Bohnen- oder Erbsensuppe.

Hauptgerichte

Klosterratten – Blätterteig gefüllt und Pusztasoße

Zutaten
1 Platte Blätterteig TK
200 g Gehacktes halb und halb
(Mett ist auch möglich, ist schon gewürzt)
Pfeffer, Salz, Muskat
1 Ei

Zubereitung
- Blätterteig noch etwas ausrollen und in 4 Stücke teilen,
- Gehacktes würzen,
- Ei schlagen, ¾ vom Ei hineinkneten.
- Mit dem Rest Blätterteig an den Seiten dünn bestreichen.
- Aus dem Gehackten 4 Röllchen formen und auf die schmale Seite des Blätterteiges legen,
- zusammenklappen und an den Rändern festdrücken,
- Oberseite mit dem Restei dünn bepinseln (das gibt eine schöne Farbe).
- Backpapier auf das Blech legen und bei ca. 180° 20 Minuten backen,
- Man kann auch Hefe- oder Plunderteig verwenden.

Hauptgerichte

Pusztasoße

Zutaten

1 Zwiebel
1 Knoblauchzehe
1 rote Paprika
¼ Sellerieknolle
2 Tomaten
2 Gewürzgurken
50 ml Gurkenwasser
150 Gemüsebrühe
2 - 3 EL Olivenöl
Salz, Pfeffer, Paprikapulver
1 TL Zucker

Zubereitung

- Zwiebel und Knoblauch schälen, kleinwürfeln und im Öl glasig werden lassen. Restliches Gemüse waschen, putzen oder schälen, in Streifen schneiden und ca.10 Minuten mitbraten, immer mal umrühren.
- Flüssigkeiten und Gewürze dazugeben und köcheln, bis es gar ist.
- Eventuell mit 1 TL Mondamin und 2 EL Wasser verrührt andicken.

Dazu gibt es einen bunten Salatteller.

Klosterrattengeschichte

Vor Jahren waren einmal Richter und Rechtspfleger zu Gast, da probierte Karl gemeinsam mit dem Bäcker das Rezept zum 1. Mal aus. Leider war ihnen der Ofen etwas zu heiß geworden und die Teile waren ein bisschen zu lange drin. Sie waren einerseits zusammengeschrumpft, hatten dadurch einen Buckel und waren auch ein bisschen dunkel geworden. Die Frau vom Service kannte das nicht und fragte, was das denn sei. Karl und der Bäcker lachten sich krümelig und hatten gleich einen Namen parat: „Klosterratten", das sei ein neues Gericht. Seitdem heißt das so.

Hauptgerichte

Petersilienklößchen

vegetarisch

Zutaten

4 Eier
4 EL Dinkelmehl (630)
4 EL Paniermehl
1 TL Backpulver
1 Brötchen, altbacken
Salz und Pfeffer
2 EL frische Petersilie
Salzwasser zum Kochen
1 EL Butterschmalz
1 große Zwiebel
2 EL Erdnüsse

Zubereitung

- Eier schlagen, Mehl, Backpulver und Gewürze vermischen und alles zusammen zu einem glatten Teig rühren.
- Brötchen in kleine Würfel schneiden, Kräuter waschen, fein hacken und unter die Masse mischen, ½ Stunde ruhen lassen.
- Topf mit Salzwasser zum Kochen bringen.
- Mit 2 Esslöffeln Klößchen abstechen und in das kochende Wasser gleiten lassen.
- Mit einem Schaumlöffel herausnehmen,
- Zwiebel schälen, in Ringe schneiden und in erhitztem Butterschmalz glasig dünsten.
- Die Spatzen darin schwenken und eventuell nachwürzen.
- Erdnüsse hacken und darüber streuen.

Dazu gibt es einen frischen Salat der Saison.

Fasan auf Sauerkraut

Zubereitung

- Fasan waschen und trocken tupfen,
- innen mit Salz und Pfeffer würzen.
- Apfel waschen, Kerngehäuse herausschneiden, vierteln, mit 2 Dörrfleischscheiben und Thymian den Fasan füllen,
- mit 2 Rouladennadeln verschließen.
- Die restlichen 3 Dörrfleischscheiben außen herumlegen, damit die Brust schön saftig bleibt.
- In einem etwas größeren Topf von allen Seiten anbraten,
- mit Salz und Pfeffer würzen.
- Gemüse putzen, waschen und in größere Stücke schneiden, dazugeben und braten.
- Wenn die Zwiebel langsam braun wird, mit 200 ml Wasser angießen und einreduzieren lassen, das heißt, bis die Flüssigkeit verdampft ist.
- Den Vorgang noch 2-mal wiederholen.
- Restliches Wasser (500 ml) dazugeben, Paprikapulver einstreuen, Deckel drauflegen und ca. 1 ½ Stunden langsam köcheln lassen.
- Mit einer Gabel testen, ob das Fleisch weich ist,
- das Fleisch herausnehmen.
- Die Soße durch ein feines Sieb passieren oder mit dem Stabmixer zerkleinern.
- Mit wenig Mondamin andicken und evtl. nachwürzen.
- Auf einer Platte mit den entsprechenden Zutaten anrichten.

Zutaten

1 Fasan (900 - 1000 g)
1 Apfel
5 Scheiben Dörrfleisch
Salz, Pfeffer, Paprikapulver
Frischer Thymian
2 EL Butterschmalz
1 Möhre
¼ Sellerieknolle
1 mittelgroße Zwiebel
700 ml Wasser
1 EL Mondamin
2 - 3 EL Wasser zum Anrühren

Garnierung

Ananasscheiben, Preiselbeeren, 2 Salatblätter, Kräuter

Bruder Karls Tipp

Dazu schmecken Sauerkraut und Kartoffelpüree oder -schnee.

Hauptgerichte

Leber in Senfkruste

Zutaten
4 dünne Scheiben Leber
(Kalb, Rind oder Schwein)
2 EL Senf
2 EL Mehl
Kräutersalz
Butterschmalz
1 Zwiebel

Bruder Karls Tipp
Durch das Bestreuen mit Mehl trocknet die Leber beim Braten nicht aus.

Zubereitung
- Leber mit Senf bestreichen und in heißem Butterfett kurz anbraten,
- die Oberseite mit Mehl bestreuen,
- wenden, kurz braten und die zweite Seite mit Mehl bestäuben.
- Wenn der Bratvorgang abgeschlossen ist, mit Kräutersalz würzen,
- Zwiebel schälen, in Ringe schneiden und auf die Leber legen.

Dazu schmecken lauwarmer Kartoffelsalat oder Bratkartoffeln.

Seelachsfilet mit Sesampanade

Zutaten
400g - 480 g Seelachsfilet
Zitronensaft
Salz
2 EL Sesam
Butterschmalz
Zitronenscheibe und Petersilie zur Garnierung

Zubereitung
- Fisch säubern, säuern, salzen,
- Butterschmalz in der Pfanne erhitzen,
- Fisch in Sesam wälzen und langsam von beiden Seiten backen.
- (Wenn man kein Sesam verwenden möchte, nimmt man zum Panieren erst Mehl, dann Ei und dann Paniermehl.)

Dazu schmecken Kartoffelpüree und Blattspinat oder Salatteller.

Bruder Karl erinnert sich

Der Fisch wurde früher alle 14 Tage donnerstags direkt aus Bremerhaven mit der Bahn geliefert. Vom Bahnhof brachte ein Pferdegespann den Fisch ins Kloster. Der Fisch war verpackt in einem grob geflochtenen Weidenkorb mit zwei Griffen. Dieser war mit Papier ausgelegt, dann kam der Fisch, dann Eis und so wurde bis oben geschichtet und mit einer Kordel verschlossen.
Diese Fischkörbe durften behalten werden und so wurden sie weiter benutzt, zum Beispiel für Kartoffeln.

Speckscholle

Zutaten
4 Schollenfilet

Mehl

Butterschmalz

4 Scheiben Dörrfleisch

Salz, Pfeffer

1 Bio Zitrone

Petersiliensträußchen

Zubereitung
- Den Fisch säubern, säuern, salzen.
- Fett in der Pfanne erhitzen.
- Fisch im Mehl wenden und goldgelb ausbacken,
- Dörrfleisch in feine Würfel schneiden und in der Pfanne an der Seite mitbraten; falls nicht genug Platz sein sollte, nimmt man eine zweite Pfanne.
- Den Speck über der Scholle verteilen.
- Mit Zitronenscheiben oder -spalten und Petersilie garnieren.

Dazu gibt es neue Kartoffeln und Salat.

Bunte Klöße

Zutaten

400 g Gemüse
(Karotten, Blumenkohl, Sellerie, Mais, Erbsen, Lauch etc.)
1 Tasse Reis (gekocht)
2 EL Crème fraîche
2 Eier
3 EL Speisestärke
2 EL Grieß
Petersilie, Schnittlauch, Kerbel
Salz, Pfeffer Muskat, Kurkuma
2 EL Sahne

Soße

20 g Butter
1 EL Mehl
¼ l Gemüsebrühe

Bruder Karls Tipp

Übrig gebliebene Gemüseklöße können am nächsten Tag in Scheiben geschnitten in der Pfanne gebraten werden.

Zubereitung

- Gemüse waschen, putzen, kochen und klein würfeln,
- Reis nach Kochanweisung in Salzwasser kochen,
- Kräuter fein hacken.
- Alles zusammen mit den anderen Zutaten vermengen und die Masse zu Klößen formen.
- In heißer Gemüsebrühe 20 Minuten gar ziehen lassen.
- Für die Soße Butter schmelzen, Mehl dazu rühren und schwitzen lassen,
- Gemüsebrühe dazu geben, glattrühren und kurz aufkochen lassen. Eventuell noch etwas nachwürzen.

Dazu schmecken Kartoffeln und/oder Reis und ein Salatteller der Saison.

Hauptgerichte

Mehlpfannekuchen

vegetarisch

Zutaten

3 Eier

150 g Dinkelmehl

1 Msp. Backpulver

1 Prise Salz

100 ml Milch

100 ml Mineralwasser

Butterschmalz

Zimtzucker oder Tomaten oder Schinken oder alles, was man gerne isst.

Zubereitung

- Alle Zutaten zu einem glatten Teig verrühren und eine Viertelstunde ruhen lassen.
- Fett in der Pfanne erhitzen und die Pfannekuchen darin ausbacken.
- Klassisch darüber Zucker und Zimt streuen.

Bruder Karls Tipp

Je nach Geschmack können die Pfannkuchen mit allem, was der Kühlschrank so hergibt (zum Beispiel Tomaten, Käse, Salami), belegt werden.

Geschichte

1962 bis 1970 war Bruder Karl im Kloster Burlo in der Küche als 2. Chef tätig. Es ist ein Internat mit Gymnasium bis zum Einjährigen. Die Patres (mit Brüdern insgesamt 30) waren Lehrer und Studienräte. 168 Schüler (21 Tische x 8 Personen). Drei Brüder waren in der Küche. Karl hat fast alle Schüler mit Namen gekannt, er hatte guten Kontakt mit ihnen, sie sollten sich wohlfühlen. Er meinte, wenn er schon für sie arbeitet, interessiert er sich auch dafür, was sie mal werden wollten. Einmal fragte er einen Schüler nach seinem Berufswunsch, dieser sagte: Fußballreporter. Karl meinte, mit seinem lebendigen Temperament sei er bestimmt geeignet.

Es waren ärmliche Zeiten, da gab es abends die Reste vom Mittag. Die Kartoffeln wurden mit dem Gemüse zusammen gestampft, dies wurde „Oblatenstampus" genannt. Die Schüler mochten den Stampf von Bruder Hülsmann (1. Chef) nicht und sagten: Hätte er es doch gleich den Schweinen vorgeworfen, als es uns vorzusetzen. Bruder Hülsmann war im Krieg Küchenoffizier…, also streng. Er hat sich dann immer gleich aufgeregt.

Dazu machte Bruder Hülsmann Mehlpfannekuchen. Die wurden in acht Pfannen gleichzeitig gebacken. Er durfte nicht gestört werden, er war hochkonzentriert, in zwei Stunden fertig, da hatte er 200 Stück gebacken.

Hauptgerichte

Beilagen

Kräuter-Kartoffelplätzchen

vegetarisch

Zutaten

4 mittelgroße Pellkartoffeln

1 Ei

Petersilie, Schnittlauch, Estragon, Thymian, Kümmel, Salz, Pfeffer, Muskat

2 EL Kartoffelmehl

1 Packung Sonnenblumenkerne

Pflanzenöl

Zubereitung

- Kartoffeln mit Schale kochen, dann schälen,
- durch eine Kartoffelpresse oder einen Fleischwolf drehen.
- Kräuter waschen, klein hacken und untermischen.
- Das Ei schlagen, mit Gewürzen und Kartoffelmehl vermischen und mit den Sonnenblumenkernen unter den Kräuterbrei kneten,
- Plätzchen formen und im Pflanzenöl ausbacken.

Beilagen

Spaghetti mal anders

vegetarisch

Zutaten
400 g Spaghetti
reichlich Salzwasser
1 - 2 Möhren
1 - 2 EL Parmesan
frische Kräuter

Zubereitung
- Spaghetti kochen.
- Möhren putzen, grob raspeln oder in feine Streifen schneiden.
- Die Nudeln abschütten, Möhren untermischen und mit Parmesan und Kräutern bestreuen.

Bruder Karls Tipp
Wenn man die Menge verdoppelt, wird daraus ein Hauptgericht. Ein frischer bunter Salatteller ergänzt diese Mahlzeit.

Beilagen

Nellys Kartoffelsalat

vegetarisch

Zutaten

600 - 800 g Kartoffeln
2 Gewürzgurken
1 Apfel rot
2 Eier

Für die Soße

Salz, Pfeffer
1 Msp. Kurkuma
1 EL Essig
Gurkenbrühe nach Bedarf
3 EL saure Sahne
2 EL Pflanzenöl

Zubereitung

- Pellkartoffeln kochen, schälen und in kleine Würfel schneiden.
- Gewürzgurken würfeln,
- Apfel waschen, Kerngehäuse entfernen und mit der Schale in kleine Würfel schneiden.
- Eier kochen, abkühlen, schälen und 1 Ei mit dem Eierschneider in Stifte schneiden.
- Alles vermischen und etwas ziehen lassen.
- Das zweite Ei in Scheiben schneiden und zum Garnieren verwenden.

Geschichte

Dieses Kartoffelsalat-Rezept hat Bruder Karl von Nelly übernommen, die vor einigen Jahren vom Niederrhein zu einer Seniorenfreizeit für drei Wochen ins Kloster Hünfeld kam. Da sie die Hände einfach nicht in den Schoß legen konnte, half sie im Speisesaal, in der Küche und beim Spülen. Das machte ihr so viel Spaß, dass sie immer häufiger nach Hünfeld kam und sogar ihren 2. Wohnsitz hier anmeldete.

Nelly ist vor 5 Jahren verstorben, so lebt die Erinnerung an sie weiter

Mehlklöße

vegetarisch

Zutaten
400 g Mehl
2 Eier
2 TL Backpulver
1 Prise Salz
1 Brötchen (vom Vortag)
ca. 250 ml Mineralwasser mit Kohlensäure
Salzwasser zum Kochen

Zubereitung
- Brötchen in kleine Würfel schneiden.
- Aus den anderen Zutaten einen Teig bereiten und unter die Brötchenwürfel mischen.
- Mineralwasser nach Bedarf zugeben (der Teig sollte nicht mehr kleben).
- 2 längliche Klöße rollen und in kochendem Salzwasser 20 Minuten leicht köcheln lassen.
- Mit einem Säge- oder Käsemesser in Scheiben schneiden.
- Die Klöße sind eine ideale Beilage zu Gulasch oder Schweinebraten mit viel Soße.

Bruder Karls Tipp
Was übrig ist, wird in Scheiben geschnitten und in der Pfanne mit Öl gebraten. Dazu gibt es Apfelmus oder anderes Kompott nach Geschmack.

Schiebenkartoffeln

(aus rohen Kartoffeln)

vegetarisch

Zutaten
600 g Kartoffeln
Butterschmalz
Salz, Pfeffer, Paprika
Zwiebelschlotten

Zubereitung
- Kartoffeln waschen, schälen und in Scheiben schneiden,
- reichlich Fett in der Pfanne erhitzen, die Scheiben darin anbraten, von beiden Seiten würzen.
- Mit Deckel ca. 15 Minuten schmoren lassen. Aus dem Fett heben und mit Zwiebelschlotten garnieren.
- Man kann auch noch ein Spiegelei darauflegen.
- Ein gemischter Salatteller der Saison darf dazu nicht fehlen.

Bruder Karls Tipp
Eine kleine Zwiebel und etwas gewürfeltes Dörrfleisch in der Pfanne leicht gebraten gibt den Kartoffeln noch einen herzhafteren Geschmack.

Geschichte
Die Bratkartoffeln nannte man bei Bruder Karl früher zu Hause auch „Schiebenkartoffeln", weil sie in Scheiben geschnitten wurden.

„Kartoffeln gehören in den Keller", sagte man früher gerne, weil es immer nur Kartoffeln gab und man sie manchmal leid war. Dabei gibt es für Bruder Karl keine Frucht, die so vielseitig verwendbar ist wie die Kartoffel, ob als Pellkartoffel, Salzkartoffel, Bratkartoffel, Püree, Kartoffelsalat, Klöße roh oder gekocht, Reibekuchen, Kroketten, Pommes, Himmel und Erde, Kartoffelplätzchen, -gemüse, -gratin, Kartoffelsuppe und vieles mehr...

Beilagen

Nachspeisen

Rhabarber-Erdbeer-Creme

vegetarisch

Zutaten
(für 6 Personen)
1 Päckchen Vanillepudding
½ l Milch
2 EL Zucker
200 g Quark
Zucker nach Geschmack
1 Msp. Vanillepulver
150 ml Schlagsahne
½ Stange Rhabarber
150 g Erdbeeren
Pfefferminzblätter

Zubereitung
- Obst waschen und putzen.
- Einige Erdbeeren zum Garnieren beiseitestellen.
- Rhabarber in 2 cm kleine Stücke schneiden, mit ½ TL Zucker und 2 EL Wasser in einer Pfanne mit Deckel erhitzen, nur 3 Minuten garen lassen.
- Erdbeeren dazu rühren und abschmecken, vom Herd nehmen und erkalten lassen.
- Vanillepudding nach Angaben auf der Packung kochen, unter Rühren erkalten lassen, dann mit dem Quark verrühren.
- Sahne schlagen und unterheben, nach Bedarf süßen.
- In kleine Dessertgläser schichtweise einfüllen und garnieren.

Nachspeisen

Grießschnitten mit Erdbeersoße

vegetarisch

Zutaten

½ l Milch
70 g Dinkelgrieß
1 Prise Salz
50 g Zucker
1 Ei
je eine Prise Zimt und Vanillepulver
Paniermehl
Butterschmalz
Erdbeeren für die Fruchtsoße
Pfefferminzblättchen

Zubereitung

- Milch aufkochen, Grieß, Zucker und Salz einrühren, von der Platte nehmen und ausquellen lassen.
- Eine rechteckige Form mit kaltem Wasser ausspülen, den Grießbrei hineinschütten und glattstreichen,
- über Nacht abkühlen lassen, dann in Scheiben oder Streifen schneiden,
- Ei mit Zimt und Vanille verquirlen, darin wälzen, panieren und in der Pfanne goldgelb backen.
- Für die Fruchtsoße die Erdbeeren fein pürieren.

Bruder Karls Tipp

Sehr lecker schmeckt dazu auch Kompott je nach Saison, Vanille- oder Weinsoße.

Nachspeisen

Dessert schwarz/weiß

(6 - 8 Portionen,
1 Tag vorher kochen)

Zutaten
Kaffeepudding

¼ l Kaffee
¼ l Milch
1 Päckchen Schokoladen-
pudding
2 EL Zucker
½ Tafel Schokolade
1 ½ Becher Schlagsahne

vegetarisch

Vanillepudding

½ l Milch
1 Päckchen Vanillepudding
40 g Zucker

Kaffeebohnen zum garnieren

Bruder Karls Tipp

Schokolade lässt sich besser raspeln, wenn sie vorher im Kühlschrank gelagert wurde.

Zubereitung

- Puddingpulver mit 4 EL kalter Milch anrühren, Restmilch und Kaffee mischen und zum Kochen bringen.
- Vom Herd nehmen, angerührtes Pulver einrühren, kurz aufkochen und erkalten lassen. (Damit es keine Haut gibt, mit Klarsichtfolie direkt auf dem Pudding abdecken.)
- Vanillepudding kochen und genauso verfahren.
- Schokolade raspeln, in den Schokopudding geben.
- Schlagsahne mit etwas Zucker schlagen.
- Dessertglas schräg halten, halb mit Schokopudding füllen, auf die andere Seite Vanillepudding geben.
- Mit Schlagsahne und Kaffeebohne garnieren.

Nachspeisen

Tassenschmarrn mit Zimtsoße

vegetarisch

Zutaten

2 Brötchen (2 Tage alt)
1 Ei
150 ml Milch
1 Apfel
½ TL Zimt
2 EL Zucker
1 EL Rosinen
Butter
1 Päckchen Vanillesoße
1 TL Zimt
3 EL Zucker

Zubereitung

- Brötchen in dünne Scheiben schneiden und mit Milch, Ei, Zimt und Zucker mischen.
- Apfel schälen, Kerngehäuse entfernen, in kleine Stückchen schneiden, mit den gewaschenen Rosinen unter die Masse mischen.
- Tassen ausfetten, Teig hineingeben und nach Bedarf einige Butterflöckchen darauf verteilen.
- Bei ca. 150 Grad ungefähr 15 Minuten backen.
- Vanillesoße nach Anleitung auf der Packung zubereiten und reichlich Zimt hineinrühren.

Bruder Karls Tipp

Eine Fruchtsoße schmeckt auch sehr lecker dazu und macht den Schmarrn schön saftig. Dazu nimmt man 300 g gemischtes Obst, z.B. Kirschen, Johannisbeeren oder Pflaumen und kocht diese mit 100 ml Wasser zu einem Kompott. Eine ½ Tasse Wasser mit 1 TL Speisestärke verrühren, hineingeben und aufkochen.

Nachspeisen

Hünfelder Traum

vegetarisch

Zutaten

½ Becher Schlagsahne
250 g Magerquark
50 ml Milch
3 EL Mascarpone
Saft von ½ Zitrone
2 EL Zucker
1 Vanillezucker
100 g Amaretti
200 g Weintrauben ohne Kerne

Zubereitung

- Schlagsahne schlagen.
- Die anderen Zutaten gut miteinander verrühren, nach Geschmack süßen und Schlagsahne unter die Masse heben.
- Amaretti in eine Plastiktüte geben und mit dem Wellholz zerbröseln.
- Weintrauben waschen und halbieren.
- In einer Glasschüssel schichten: Quarkzubereitung, Amaretti, Weintrauben.
- Die letzte Schicht sind Weintrauben und Amaretti.

Nachspeisen

Gebäck

Buttermilchwaffeln mit Vanille

vegetarisch

Zutaten

300 g Mehl
4 Eier
180 g Butter (flüssig, kühl)
160 g Zucker
1 TL Vanille
1 Päckchen Backpulver
150 ml Mineralwasser
100 ml Buttermilch

Zubereitung

- Alle Zutaten zu einem Teig verrühren, 30 - 40 Minuten ruhen lassen (wichtig!).
- Mit dem Waffeleisen ausbacken.
- Je nach Geschmack gibt es viele Variationen für den Belag, ob Puderzucker, heiße Sauerkirschen, andere Früchte, Schlagsahne, Eis, Eierlikör ....

Gebäck

Eiserkuchen (Isenbackenkooken)

vegetarisch

Zutaten für ca. 60 Stück

- 450 g Zucker
- 4 Päckchen Vanillezucker
- 1 TL Zimt
- 2 Eier
- 100 ml Mineralwasser
- 100 ml Milch
- 500 g Mehl
- 200 g flüssige (abgekühlte) Butter

Zubereitung

- Aus allen Zutaten - außer der Butter - einen Teig bereiten,
- Butter zum Schluss dazugeben und gut verrühren, ½ Stunde ruhen lassen,
- 1 EL auf das Waffeleisen geben und goldbraun backen,
- sofort mit einem etwas dickeren Holz aufrollen und erkalten lassen.
- Wer mag, kann sie mit Sahne oder Creme füllen.

Gebäck

Bruder Karls Tipp

Die Butter darf nur aufgelöst sein und sollte auch wieder abgekühlt werden. Sie darf nicht fest sein, wenn man sie verwendet. Eiserkuchen lassen sich gut auf Vorrat backen und in einer dichten (Blech-) Dose aufbewahren.

Geschichte

Der Name Eiserkuchen stammt aus der Zeit, als das Waffeleisen aus Eisen bestand. Karls Schwester nannte sie Neujahrshörnchen.

Muffins mit Oblatine-Klosterlikör

vegetarisch

Zutaten für ca. 30 Stück

Teig
200 g Butter
200 g Zucker
1 Prise Salz
4 Eier
20-50 ml Milch
1 Schnapsglas Oblatine-Klosterlikör
300 g Mehl
1 Päckchen Backpulver

Füllung
1 Becher Schlagsahne
1 P. Sahnesteif
2 TL Zucker
1 TL Oblatine-Klosterlikör
1 TL Orangensaft

Garnierung
Back-Oblaten
Pfefferminzblättchen
essbare Blüten

Gebäck

Zubereitung

- Aus den oben genannten Zutaten einen Rührteig bereiten, den Teig in die Muffin-Backförmchen füllen,
- bei 170 Grad ca. 15 - 18 Minuten backen und auskühlen lassen.
- Schlagsahne mit Sahnesteif schlagen.
- Aus den Muffins ca. 1 - 2 TL Krume von oben aushöhlen, zerkrümeln, mit Oblatine, Orangensaft und wenig Schlagsahne mischen und wieder hineinfüllen.
- Den Rest der Sahne darauf spritzen und mit einer durchgebrochenen Back-Oblate, Minzeblättchen und Blüte garnieren.

Bruder Karls Tipp

Es empfiehlt sich, die Zutaten vorher aus dem Kühlschrank zu nehmen, denn im zimmerwarmen Zustand verarbeiten sie sich besser.

Geschichte des Klosterlikörs „Oblatine"

Im Archiv seines Oblatenklosters in Hünfeld fand vor ein paar Jahren Pater Martin Wolf das Rezept eines Kräuterlikörs „Oblatine", der seit 1908 von der Fa. F.C. Aha aus Hünfeld hergestellt wurde, nach der Vertreibung der Oblaten aus Hünfeld im 2. Weltkrieg aber in Vergessenheit geriet.

Nach einem Gespräch Pater Wolfs mit dem Geschäftsführer der Schlitzer Korn- und Edelobstbrennerei übernahm dieser die Rezeptur und Herstellung der „Oblatine" als exklusives Klosterprodukt zum Verkauf vor Ort und in den Oblatenklöstern.

Gebäck

Haferflockenplätzchen

vegetarisch

Zutaten
für ca. 2 Bleche

250 g Butter
200 g brauner Zucker
180 g kernige Haferflocken
1 ½ TL Backpulver
160 g Mehl
100 g gemahlene Mandeln
Belgische Butterwaffeln

Zubereitung

- Zucker und Butter schaumig rühren und dann die anderen Zutaten dazugeben,
- den Teig kneten, zu einer dicken Rolle formen und Taler abschneiden (sie sollten etwas kleiner sein als die Waffeln).
- Blech mit Backpapier belegen, die Waffeln verteilen und darauf die Taler legen,
- ca. 15 Minuten bei 170 Grad backen.

Spekulatius

Zutaten

250 g Zucker
250 g Erdnussfett (oder Butter)
100 cl Milch
2 g Salz
1 Msp. Hirschhornsalz
500 g Dinkelmehl
8 g Spekulatiusgewürz
1 Msp. Vanillepulver

Zubereitung

- Die ersten 5 Zutaten zu einer Masse vermengen,
- Mehl, Spekulatiusgewürz und Vanille dazugeben, alles zu einem Teig kneten und kühl stellen,
- in einen Holzmodel drücken und den übrigen Teig abtrennen. Teig aus dem Holzmodel ausschlagen und goldgelb nach Angaben der Gebrauchsanweisung des Backofens backen.

vegetarisch

Erforderlich sind Holzformen

Gebäck

Osterlamm

vegetarisch

Zutaten (1 Lamm)
100 g Butter
100 g Zucker
1 TL Vanillezucker
1 Prise Salz
einige Tropfen Bittermandelöl
2 Eier
100 g Mehl
30 g Speisestärke
1 TL Backpulver
Spezial-Form für Lämmer
Butter, Paniermehl
weiße Schokolade
Kokosraspeln

Zubereitung
- Die ersten fünf Zutaten schaumig rühren,
- die Eier nach und nach darunter schlagen,
- Mehl, Stärke und Backpulver mischen und hineinrühren.
- Eine Form ausfetten und Paniermehl hineinstreuen (Überschüssiges wieder ausklopfen),
- Teig hineinfüllen und die Form auf ein Blech stellen.
- Ca. 40 - 45 Minuten bei 170-180 Grad backen.
- Wenn der Teig abgekühlt ist, mit aufgelöster Schokolade überziehen und mit Kokosflocken bestreuen.

Bruder Karls Tipp

Das Rezept ist für ein Osterlamm. Es lohnt sich, gleich mehrere in einem Backvorgang zu backen, dann hat man ein schönes Geschenk für liebe Menschen. Dazu kauft man entsprechend viele Formen und darf nicht vergessen, den Teig zu multiplizieren.

Gebäck 119

Gaalbern-Torte

vegetarisch

Zutaten

Teig
300 g Mehl
200 g Butter, zimmerwarm
100 g Zucker
1 Prise Salz
½ TL Backpulver
1 Ei

Belag
6 große Birnen
1 l Wasser
3 EL Zucker
1 Päckchen Tortenguss klar
¼ l Birnenwasser
2 EL Zucker
¼ l Schlagsahne
1 Tafel Schokolade, zartbitter
Pfefferminzblätter

Zubereitung
- Zutaten für den Teig zu einem Knetteig verarbeiten und kaltstellen,
- in eine gefettete Springform drücken, Rand etwas hochziehen.
- Bei ca. 180 Grad 30 Minuten backen.
- Birnen schälen, halbieren, Kerngehäuse ausschneiden,
- Zuckerwasser zum Kochen bringen und darin die Birnen drei Minuten blanchieren.
- Auf einem Sieb abtropfen und erkalten lassen, auf dem Boden verteilen.
- Tortenguss nach Angaben auf der Packung kochen, über die Birnen verteilen und erkalten lassen.
- Schlagsahne mit der Tafel Schokolade unter Rühren erhitzen und kurz aufkochen.
- Wenn sie kalt geworden ist, aufschlagen und auf dem Kuchen verteilen.
- Mit Pfefferminzblättchen garnieren.

Was bedeutet Gaalbern?

Der Fürstabt Heinrich von Bibra aus Fulda sollte nach seiner Thronbesteigung ein Geschenk bekommen. Die Hünfelder hatten nichts zu verschenken und gaben ihm Gaalbern. Dieser Ausdruck der Rhöner Mundart bedeutet „gelbe Birne". Die Fuldaer nennen die Hünfelder heute noch Gaalbern, ein Neckname, der sich über die Jahre erhalten hat. Die Hünfelder tragen ihn mit Stolz, inzwischen gibt es sogar Gaalberner Käse, Gaalberner Brand und einmal im Jahr das Gaalbernfest.

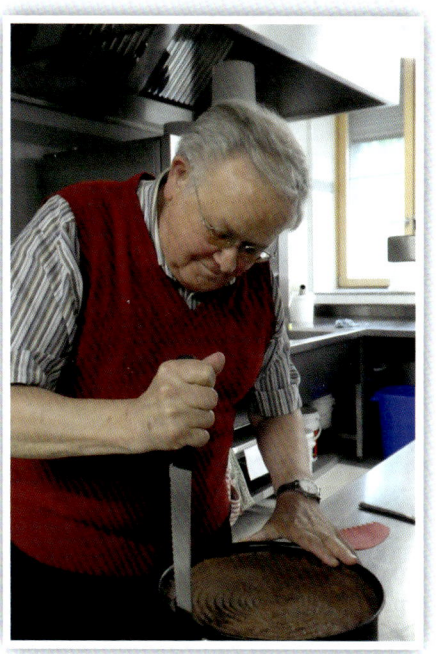

Gebäck

Quark-Zitronenkuchen

vegetarisch

Zutaten

- 250 g Butter
- 250 g Zucker
- 4 Eier
- 2 TL Backpulver
- 2 TL Vanillezucker
- 1 kg Magerquark
- 200 ml Schmand
- 2 P. Zitronenpudding
- Schale einer abgeriebenen Bio-Zitrone
- 50 g Haselnussblättchen
- Butter zum Einfetten einer Springform

Zubereitung

- Springform einfetten und die Haselnussblättchen gleichmäßig darauf verteilen.
- Alle anderen Zutaten zusammen in einer starken Küchenmaschine zu einem Teig verarbeiten, dieser wird relativ dünn,
- vorsichtig auf die Haselnüsse schütten und
- bei 180 Grad 45 Minuten backen.

Bruder Karls Tipp

Karl ist Neuem gegenüber sehr aufgeschlossen, er probiert gerne Unbekanntes aus oder verändert die Rezepte nach seinem Geschmack. Zum Beispiel ist zur Zeit eine Küchenmaschine modern, die es Karl auch angetan hat. Sie ist bei bestimmten Speisen sehr hilfreich. In der Großküche wird für viele Personen natürlich in größeren Dimensionen gekocht. Braucht man nur einen einzelnen Kuchen, ist dieser in Minutenschnelle fertig, Kräuterpestos werden wunderbar fein, Smoothies für Veganer sind schnell gemacht….

Gebäck

Getränke

Kirsch(kern)likör

vegetarisch

Zutaten

Sauerkirschen
(Kerne müssen eine 1-Liter-Flasche bis zur Hälfte füllen.)

3 EL Kandiszucker, weiß

Klarer Korn (38%)

Zubereitung

- Kirschen waschen und die Kerne entfernen, es kann ruhig noch etwas Fruchtfleisch daran hängen bleiben, das gibt Farbe und Geschmack.
- Eine 1-Liter-Flasche mit einem etwas größeren Hals halb mit den Kernen befüllen, Kandis darüber geben und mit dem Korn auffüllen. Verschließen und 6 bis 7 Wochen bei Zimmertemperatur stehen lassen, zwischendurch schütteln.
- Dann durch ein Passiertuch abschütten.

Tipp

Das restliche Fruchtfleisch kann genascht, zu Kompott verarbeitet oder mit anderen Früchten in einem Obstsalat verwendet werden.

Getränke

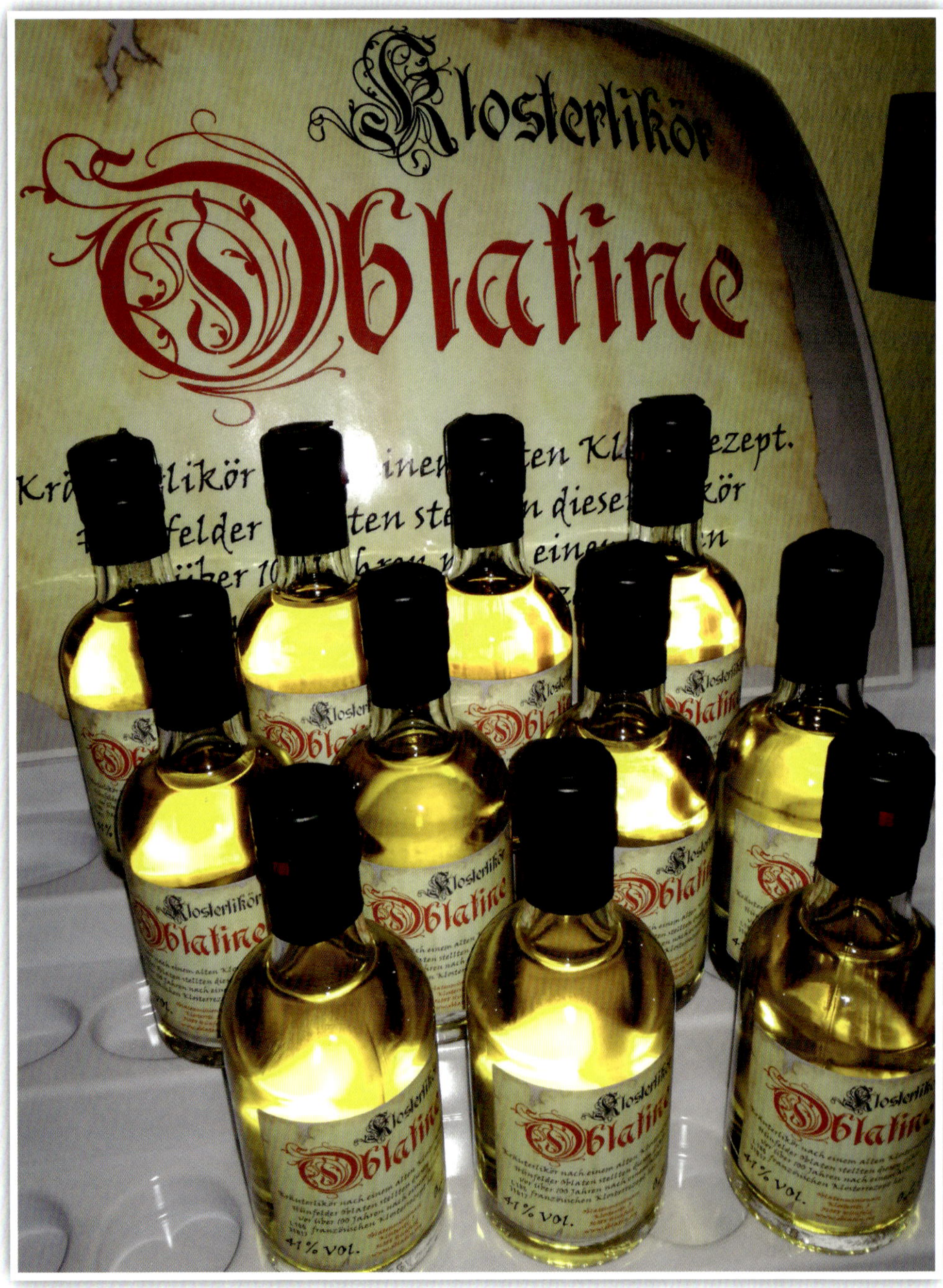
Klosterlikör
Oblatine
41 % vol.

vegetarisch ## Cocktails mit Oblatine

Hünfelder Oblatine

2 cl Oblatine-Klosterlikör
2 cl Wodka auf Eis
mit Tonic auffüllen und
mit einer Orangenscheibe garnieren

Minze Oblatine

2 Zweige Minze
1 TL Puderzucker
2 TL Wasser
4 cl Oblatine-Klosterlikör
Crushed Ice

Orangentraum

150 ml Blutorangensaft
2 cl Oblatine-Klosterlikör
2 TL Granatapfelkerne
Eiswürfel

Getränke

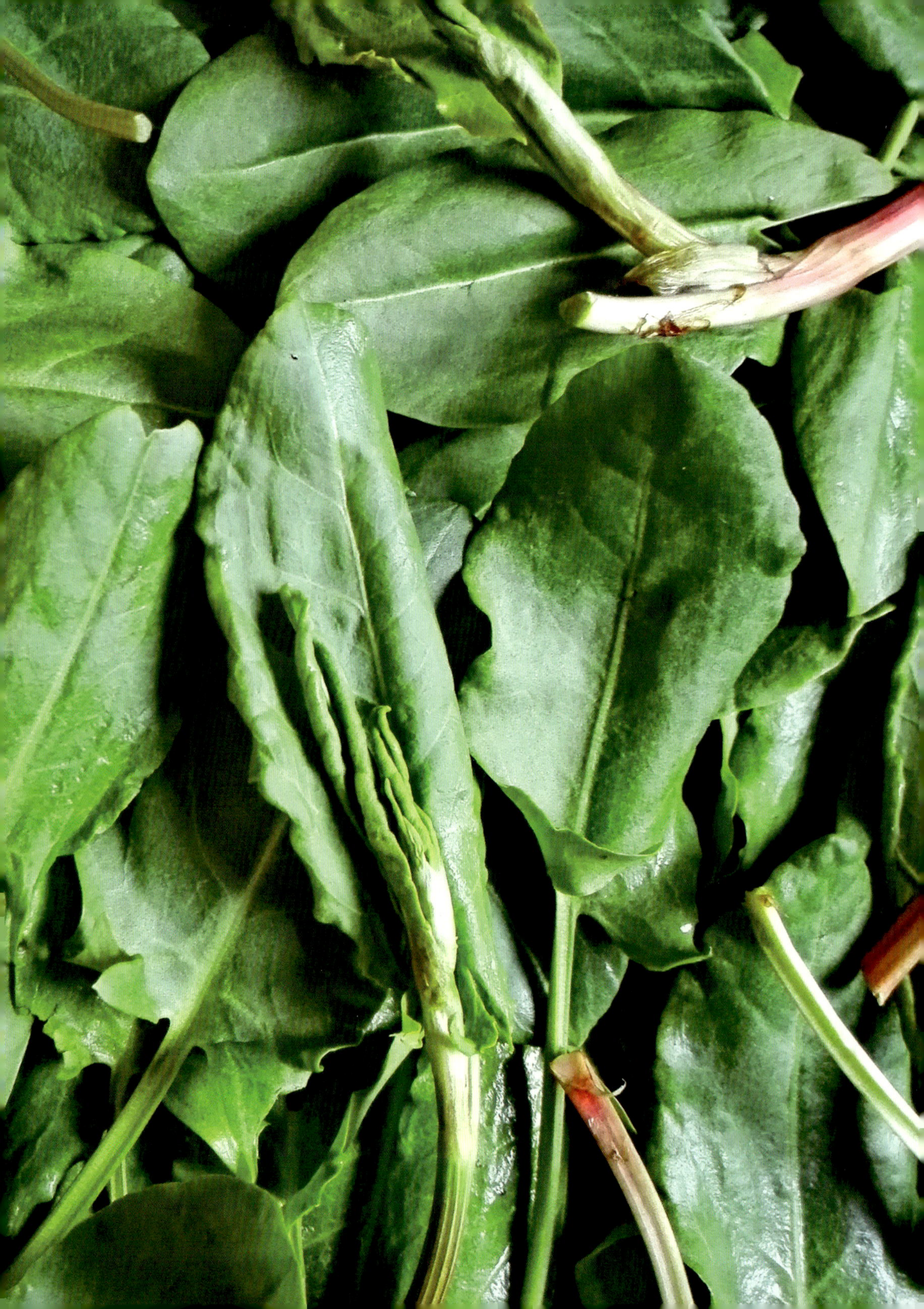

Buttermilch, erfrischend grün

vegetarisch

Zutaten
1 l Buttermilch
je 1 Prise Salz und Zucker
10 Blätter Sauerampfer
je 10 Spitzen von Zitronenmelisse und Thymian
Schnittlauch

Zubereitung
- Kräuter, außer Schnittlauch, waschen, pürieren, mit der Buttermilch und den Gewürzen in ein Glas geben,
- Schnittlauch waschen, in feine Röllchen schneiden und nachträglich hineinrühren.

Getränke

Ingwer-Wodka-Likör (ca. 19 %)

vegetarisch

Zutaten
100 g Ingwer
330 ml Wasser
Saft von 2 Zitronen
150 g Zucker
250 ml Wodka

Zubereitung
- Zitronen auspressen,
- Ingwer schälen, klein hacken, mit dem Zitronensaft und Wasser 10 Minuten kochen,
- Zucker dazugeben. Wenn dieser sich aufgelöst hat, durch einen feinen Filter gießen.
- Nach dem vollständigen Erkalten mit dem Wodka auffüllen.

Tipp
Der Likör schmeckt sehr gut, wenn er mit Sekt aufgegossen wird. Mit Mineralwasser geht es auch.

Verschiedenes

Glüh- oder Apfelweingelee

vegetarisch

Zutaten

750 ml Rotwein oder Apfelwein

1 kg Gelierzucker

1 Stange Zimt

5 Pimentkörner

5 Kardamomkapseln

5 Gewürznelken

½ Vanillestange, halbiert

Saft von 1 Orange

Saft von 2 Limetten

Verschiedenes

Zubereitung
- Zitrusfrüchte auspressen.
- Gewürze in einen Teebeutel geben und mit dem Wein zusammen erhitzen. Gewürzbeutel herausnehmen, Wein mit dem Gelierzucker vermischen, unter Rühren aufkochen und vier Minuten kochen lassen.
- Twist-off-Gläser heiß ausspülen, mit dem Gelee füllen und den Deckel draufschrauben.
- Für 10 Minuten auf den Kopf stellen und erkalten lassen.

Bruder Karls Tipp
Hat man die Gewürze nicht einzeln vorrätig, kann man auch ein Päckchen Lebkuchengewürz, das es fertig im Handel zu kaufen gibt, nehmen.

Kochkäse, veredelt

vegetarisch

Zutaten
1 Becher Kochkäse 20 %
2 EL saure Sahne
2 EL Quark
50 g Camembert in kleinen Würfeln
50 g Butter
1 Eigelb
½ TL Kümmel
1 Prise Salz

Zubereitung
- Kochkäse im Wasserbad oder beschichteten Topf vorsichtig erwärmen.
- Unter ständigem Rühren die anderen Zutaten dazugeben.
- Wenn alles gut vermischt ist, abkühlen lassen und im Kühlschrank aufbewahren.

Käseaufstrich

vegetarisch

Zutaten
1 Packung Sahnestreichkäse
1 Camembert
1 Knirps (Käse)
1 Becher Schmand
Pfeffer
reichlich Paprikapulver
1 kleine Zwiebel
½ Knoblauchzehe
Schnittlauch

Zubereitung
- Zwiebel und Knoblauch schälen und in kleine Würfelchen, Schnittlauch in Röllchen schneiden.
- Alle Zutaten in eine Rührschüssel geben und mit der Küchenmaschine oder dem Handrührgerät gut vermischen.
- Auf Bauernbrot mit Kümmel oder Baguette ist das ein zünftiges Abendessen.

In Fulda und der Rhön trinkt man dazu Pilgerstoff oder Fuldaer Frauenbergbier.

Pfannkuchen gefüllt mit Frischkäse

auch vegetarisch möglich

(Am Vortag zubereiten)

Zutaten

1 - 2 Eier

250 g Mehl

100 ml Mineralwasser mit Kohlensäure

1 Prise Salz

Schnittlauchröllchen

Pflanzenöl

Füllung

Frischkäse

4 Scheiben gekochten Schinken

Senf

Verschiedenes

Zubereitung

- Zutaten für den Pfannkuchenteig zusammenrühren.
- Öl in der Pfanne erhitzen, dünne Pfannkuchen backen und erkalten lassen,
- mit Frischkäse bestreichen, mit Schinken belegen und wieder mit Frischkäse bestreichen, als letzte Schicht mit Senf, dann alles eng zusammenrollen.
- In Alufolie einschlagen und über Nacht in den Kühlschrank stellen.
- Zum Servieren schräge Röllchen schneiden.
- Eignet sich gut als Zutat zu einem Vorspeisenteller.

Tipp für Vegetarier

Schinken einfach weglassen.

Herzhafte Herrentorte
(mit Zebrastreifen)

Verschiedenes

Zutaten

1 Kastenweißbrot (1 kg)
500 g Leberwurst fein
150 g Schwartenmagen (Scheiben)
150 g Gouda (Scheiben)
Butter
Garnitur z.B. Radieschen, Gurken, Tomatenröschen, Petersilie, Zebrastreifen (siehe unten)

Zubereitung

- Butter und Leberwurst rechtzeitig aus der Kühlung nehmen, damit sie sich leichter
- verarbeiten lassen.
- Das Oberteil vom Brot abschneiden und zur Seite legen, das übrige Brot waagerecht durchschneiden, auseinanderklappen und auf beide Seiten Butter streichen.
- Schwartenmagen auf beide Teile legen, diese wiederum dünn buttern und vorsichtig zusammendrücken.
- Dann die nächste Schicht buttern und mit dem Gouda ebenso verfahren, dann den Deckel aufsetzen, wie bei einer Torte.
- Wichtig ist, dass alles, was zusammengesetzt wird, dünn mit Butter bestrichen wird. So hält es gut zusammen.
- Brot mit Leberwurst bestreichen, den Rest Leberwurst in einen Spritzbeutel füllen und das Brot ausgarnieren. Kaltstellen.

Zebrastreifen

- Pumpernickel buttern und mit 1 cm dicken Käsescheiben belegen.
- Zusammenklappen, fest andrücken und kühl stellen. In Rhomben geschnitten ist es ein Blickfang für jedes Buffet.

Im Kloster war die Herrentorte früher ein beliebtes Abendessen. Sie wurde in Scheiben geschnitten und ein buntgemischter Salatteller wurde dazu gereicht.

Verschiedenes

Käsesalat

vegetarisch

Zutaten
200 g Schnittkäse
1 Apfel
1 Handvoll Sauerampfer
1 EL Zitronensaft
3 EL Distelöl
Salz
bunter Pfeffer, geschrotet
Schnittlauch
2 Tomaten

Zubereitung
- Käse und Sauerampfer in feine Streifen schneiden.
- Apfel putzen und in Stifte schneiden. Alles mit den restlichen Zutaten würzen, gut mischen und mit Schnittlauchröllchen und Tomatenspalten garnieren.

Verschiedenes

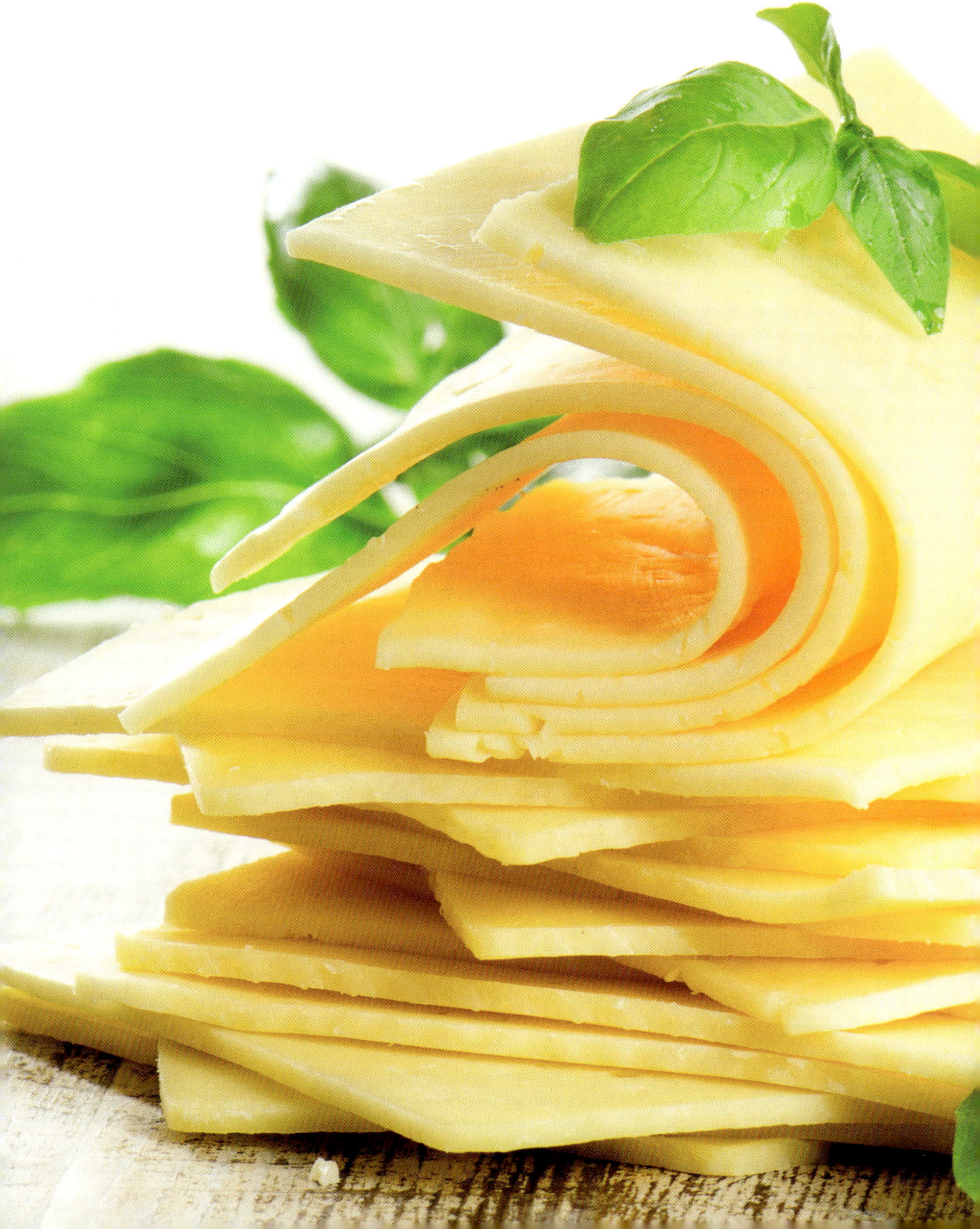

Pizzabrötchen

auch vegetarisch möglich

Zutaten
2 Brötchen (pro Pers. ½)
Frischkäse
rote Paprika
1 Tomate
2 Scheiben Kochschinken oder Wurstreste
1 etwas dickere Scheibe Schnittkäse
1 Gewürzgurke
½ Becher Schmand
1 Prise Salz
Pfeffer geschrotet

Tipp für Vegetarier
Schinken einfach weglassen.

Verschiedenes

Zubereitung

- Von der Tomate 4 Scheiben abschneiden, beiseitestellen, den Rest klein würfeln.
- Paprika waschen, innen aushöhlen und würfeln.
- Schinken, Käse und Gurke in kleine Würfelchen schneiden.
- Die Masse mit Schmand und den Gewürzen vermischen.
- Brötchenhälften mit Frischkäse bestreichen und dann die gemischten Zutaten darauf verteilen.
- Im Backofen je nach Gebrauchsanweisung überbacken.

Bruder Karls Tipp

Statt Gewürzgurken kann man je nach Jahreszeit auch frische Gurken oder Zucchini nehmen.

Die Gäste im Kloster bekommen abends zusätzlich zum Brot, Aufschnitt und Obst auch immer kleine Vorspeisen, z.B. Pizzabrötchen, Spargeltoast, Nudelsalat, Hawaiitoast, Pusztasalat, Bananentoast… Kräuterquark mit Pellkartoffeln….

Verschiedenes

Geschichten und Tipps zur Klosterküche

Bruder Karl – Ein Meister der Kochkunst
Mit Freude und Liebe kochen

Der herbe Geruch eines frischen Lorbeerblattes, der zarte Duft einer Vanilleschote, der Anblick eines reifen Apfels, all das und so viele andere wunderbare Zutaten für eine köstliche Mahlzeit inspirieren Bruder Karl, den Meister der Kochkunst, jeden Tag aufs Neue.

Schon als Kind auf dem Bauernhof im Münsterland erfuhr er, dass jedes Mahl, war es auch noch so bescheiden, eine Kostbarkeit, ein Geschenk ist.

So nimmt er, wie ein Maler die Farben für ein Bild, der Musiker die Noten für eine Komposition, die Elemente für eine Mahlzeit mit allen Sinnen auf und fügt sie liebevoll zusammen. Durch die Wärme des Herdes, das Rühren, Kneten, Mixen, Probieren und seine Kompetenz gelingen ihm wunderbare Köstlichkeiten.

Bruder Karls Müsli, mit Weizen, Schmand, braunem Zucker, Sanddornsaft zubereitet, ist schon am Morgen ein unvergleichlicher nährender Frühstückszauber.

Oder die Suppen, so viele Variationen, die einen aus der Terrine anduften, erwärmen Herz und Magen.

Ob die kleinen delikaten Vorspeisen, die üppigen Hauptgerichte, die vielen Beilagen – immer wieder frisch den Jahreszeiten entsprechend die knackigen Salate – und ganz zu schweigen von den Nachspeisen, die immer wieder eine Sünde wert sind, Bruder Karls Fundus an Rezepten scheint unerschöpflich.

Auch ist er ständig auf der Suche nach neuen Rezepten und ebenso offen für Überlieferungen und Individuelles. Er liebt es, zu experimentieren, Neues zu entdecken und fast Vergessenes wieder aufzutischen.

So ist es ein Genuss, von Bruder Karl bekocht zu werden.

Einige seiner Rezepte werden in diesem Buch zum ersten Mal veröffentlicht. Es lohnt sich, die Küchenschürze umzubinden, nach Bruder Karls Ideen zu kochen und dann zu genießen.

Das Wunderbare an den Rezepten ist, dass sie einfach umzusetzen sind, ohne großen Zeitaufwand, komplizierte Küchengeräte oder Vorkenntnisse. Auch lassen sich fast alle Rezepte variieren. Der Phantasie sind gerade beim Dekorieren keine Grenzen gesetzt.

Mit Freude und Liebe kochen, das sind für Bruder Karl die besten Zutaten.

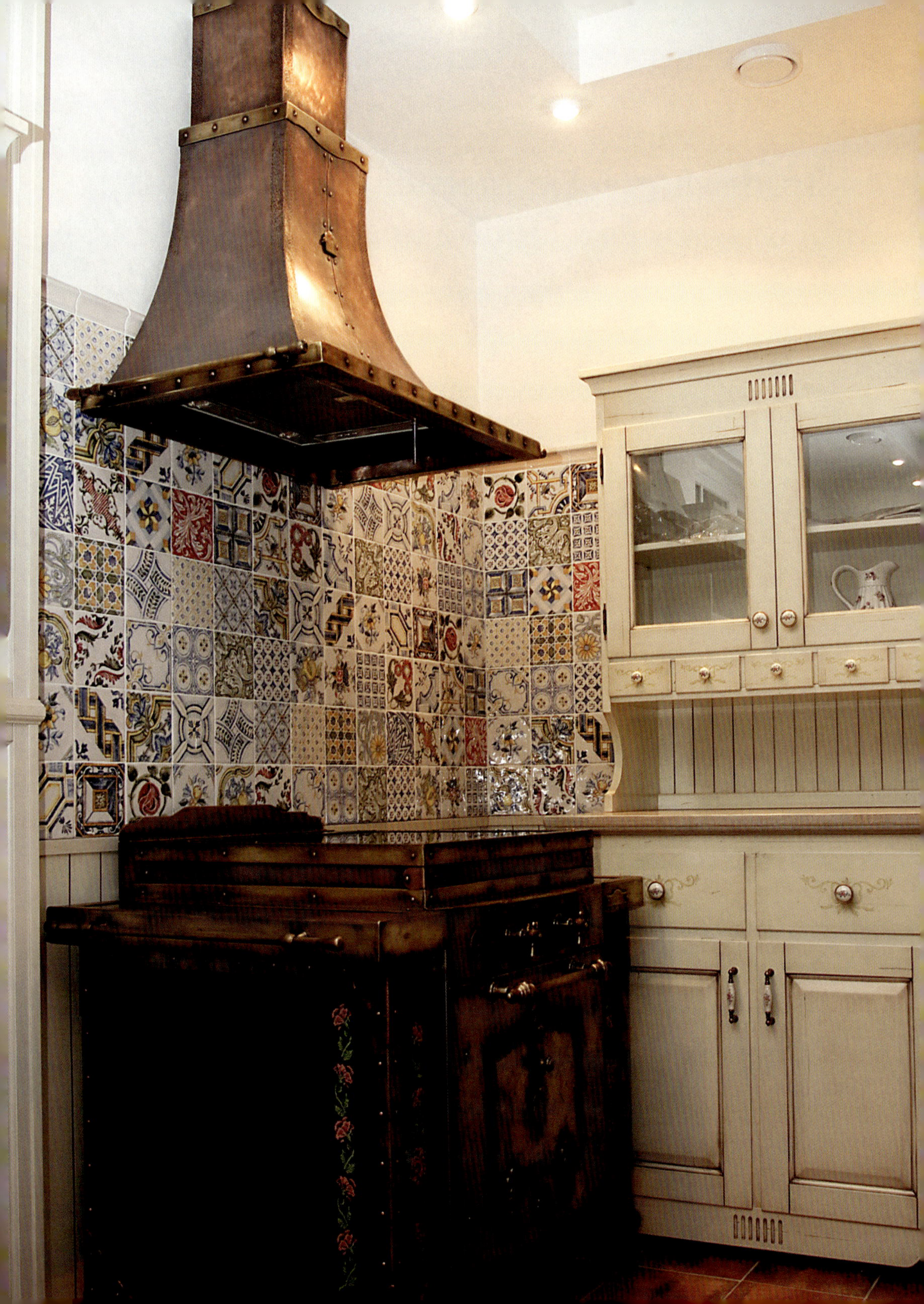

Karls Kindheits-Gedanken

Die guten alten Zeiten. Wenn man von früher spricht, merkt man, der Betreffende ist älter. Dazu gehöre ich auch. Ich bin in einem westfälischen Bauernhaus aufgewachsen. Im Krieg bin ich geboren. Zu essen hatten wir immer genug. Als ich meine Volksschule beendet hatte, sagte mein Vater, ich sollte einen Beruf erlernen. Je länger man von zu Hause weg ist, desto intensiver denkt man an seine Kindheit zurück.

Wenn die Bauern sich trafen bzw. mit dem Fuhrwerk (Pferde und Wagen) unterwegs waren, begrüßten sie sich mit dem Gruß: „Goutt help di", die Antwort lautete: „Goutt lohnt di". Der Gruß lautet auf hochdeutsch: „Gott hilft dir, Gott möge es lohnen".

Im Monat Mai wurde fast täglich eine Maiandacht gehalten.

Im Monat Oktober wurde abends der Rosenkranz gebetet. Wir Kinder mussten vorbeten. Die Oma hat uns die Geheimnisse vom Rosenkranzgebet vorgesagt. Fast in jeder Familie wurde gemeinsam gebetet.

Die Bauern hatten eine geweihte Lichtmesskerze. In jedem Haus gab es einen Hergottswinkel, fromme Ecke, Kreuz, Statue von Muttergottes Maria und Blumen. Es gab einen frommen Brauch: Wenn im Haus Nachwuchs erwartet oder ein Tier krank wurde, oder ein Gewitter aufzog, wurde diese Kerze angezündet.

Die Leute waren vor 50 – 60 Jahren frömmer als heutzutage, würde ich sagen. Die Hektik, die heutzutage ist, war nicht. Die Zeiten waren ärmlicher, bescheidener, genügsamer.

Während der Woche gingen die Männer nicht in die Wirtschaft, nur sonntags nach der Kirche zum Frühschoppen. Da wurde dann alles besprochen, was so in der Woche los war.

Karls Kindheit

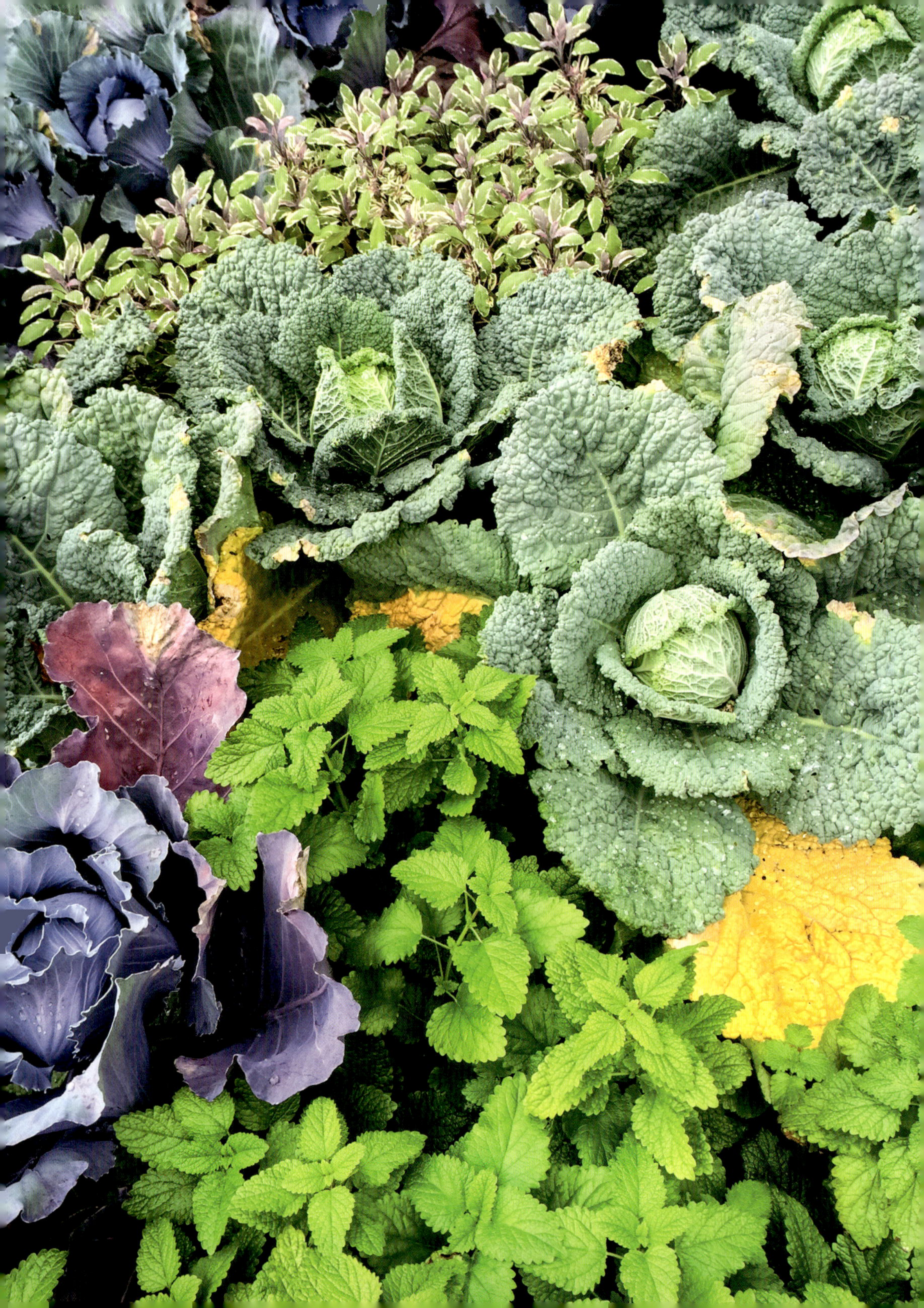

Tisch - Gebet

Guter Vater, segne unser Essen,
lass uns Hass und Neid vergessen,
schenke uns ein frohes Herz,
leite Du, Herz wie Hände,
führe Du zum guten Ende
unsere Freude und unseren Schmerz.

Wir wollen danken für unser Brot.
Wir wollen helfen in aller Not.
Wir wollen schaffen, die Kraft gibst du.
Wir wollen lieben, Herr, hilf dazu.

Vater, wir leben von Deinen Gaben,
segne das Haus, segne das Brot.
Gib uns die Kraft,
anderen zu geben in Hunger und Not.

Vater, wir sagen Dir Dank
für Speise und Trank
und bitten für alle, die hungrig und krank.
Amen

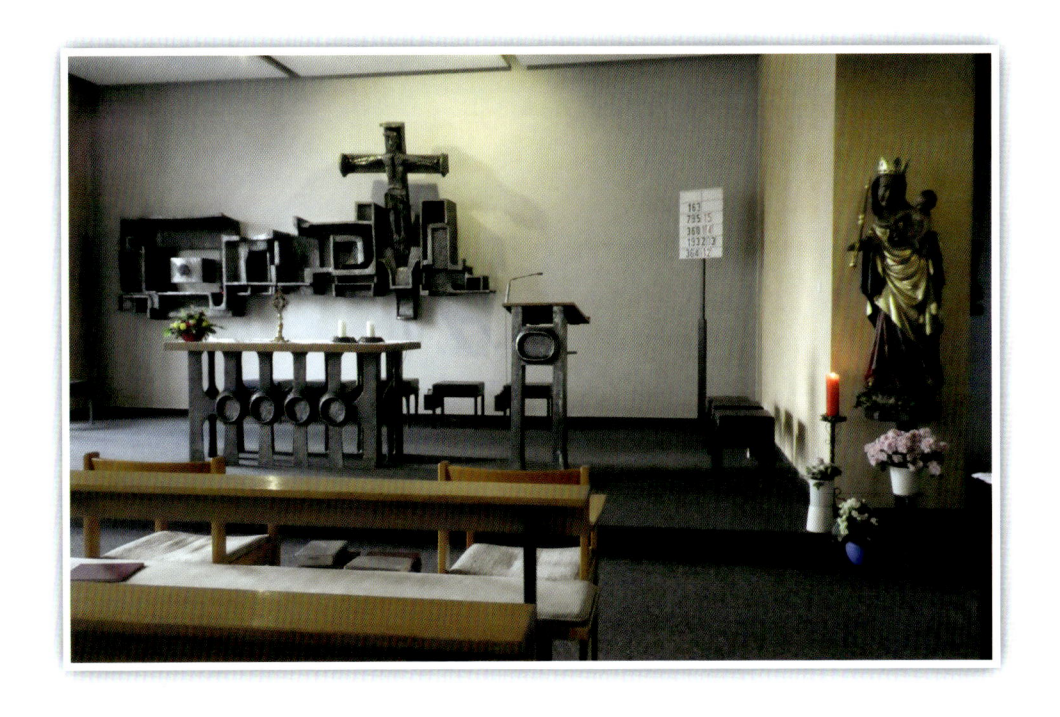

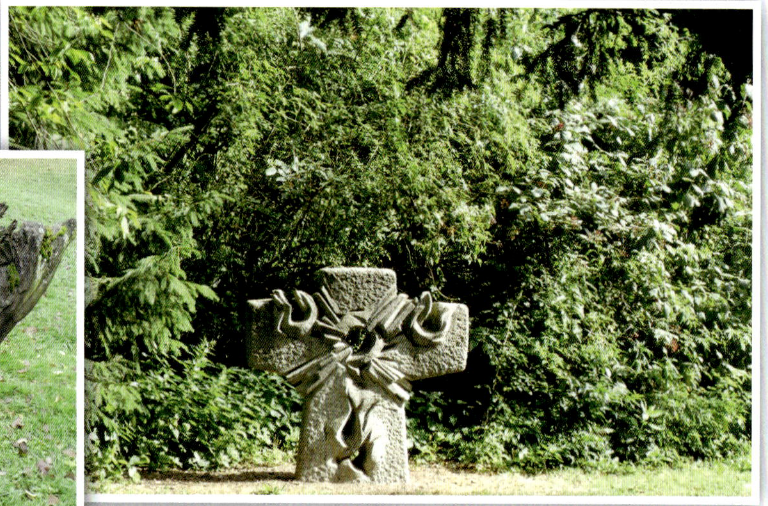

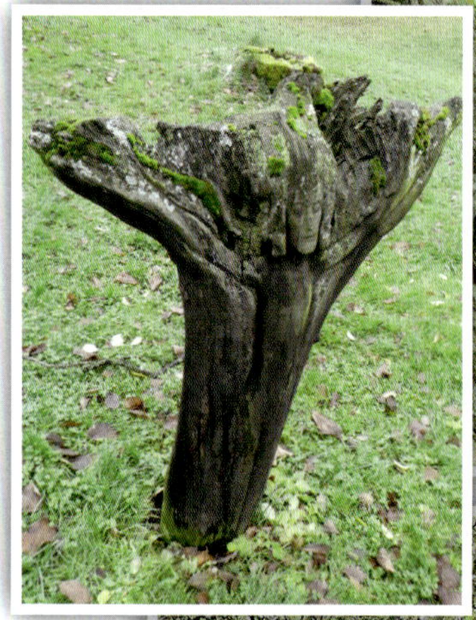

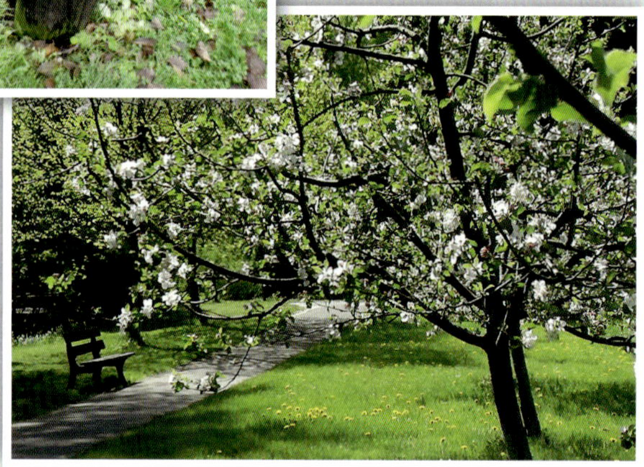

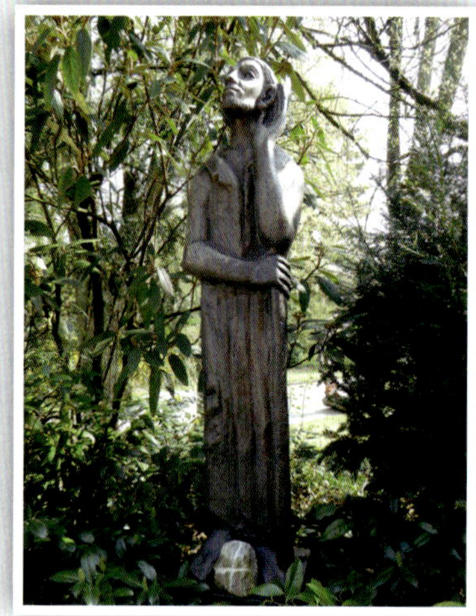

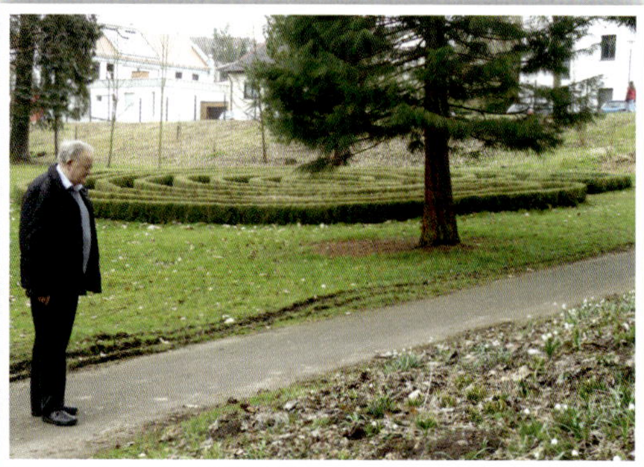

Karl lernt schwimmen

Ich wollte so gerne schwimmen lernen, aber auf den Dörfern gab es früher keine Schwimmbäder. Im Kloster Hünfeld sollte sich mein Wunsch erfüllen. Der Teich des Klosterparkes, das sogenannte „Klosterschwimmbad" war wie geschaffen dafür. Ein Mitbruder und gleichzeitig Betreuer war ein sehr einfühlsamer Schwimmlehrer. Zu dritt bekamen wir Anweisungen. Er stand am Rand und sprach uns Mut zu, wir sollten keine Angst haben und uns erst mal mit dem Wasser vertraut machen. Zuerst sollten wir uns auf den Bauch legen, dann ganz langsam mit Armen und Beinen Schwimmbewegungen machen. Plötzlich konnten wir schwimmen. Hier im Kloster gab es das „Schwimmbad" noch bevor die Stadt eines hatte. Auch die Menschen aus der Umgebung kamen gerne für eine kleine Abkühlung vorbei. Zur Freude der Gäste tummeln sich heute Goldfische, die sogenannten Ursulinen, Karpfen und Forellen im Teich.

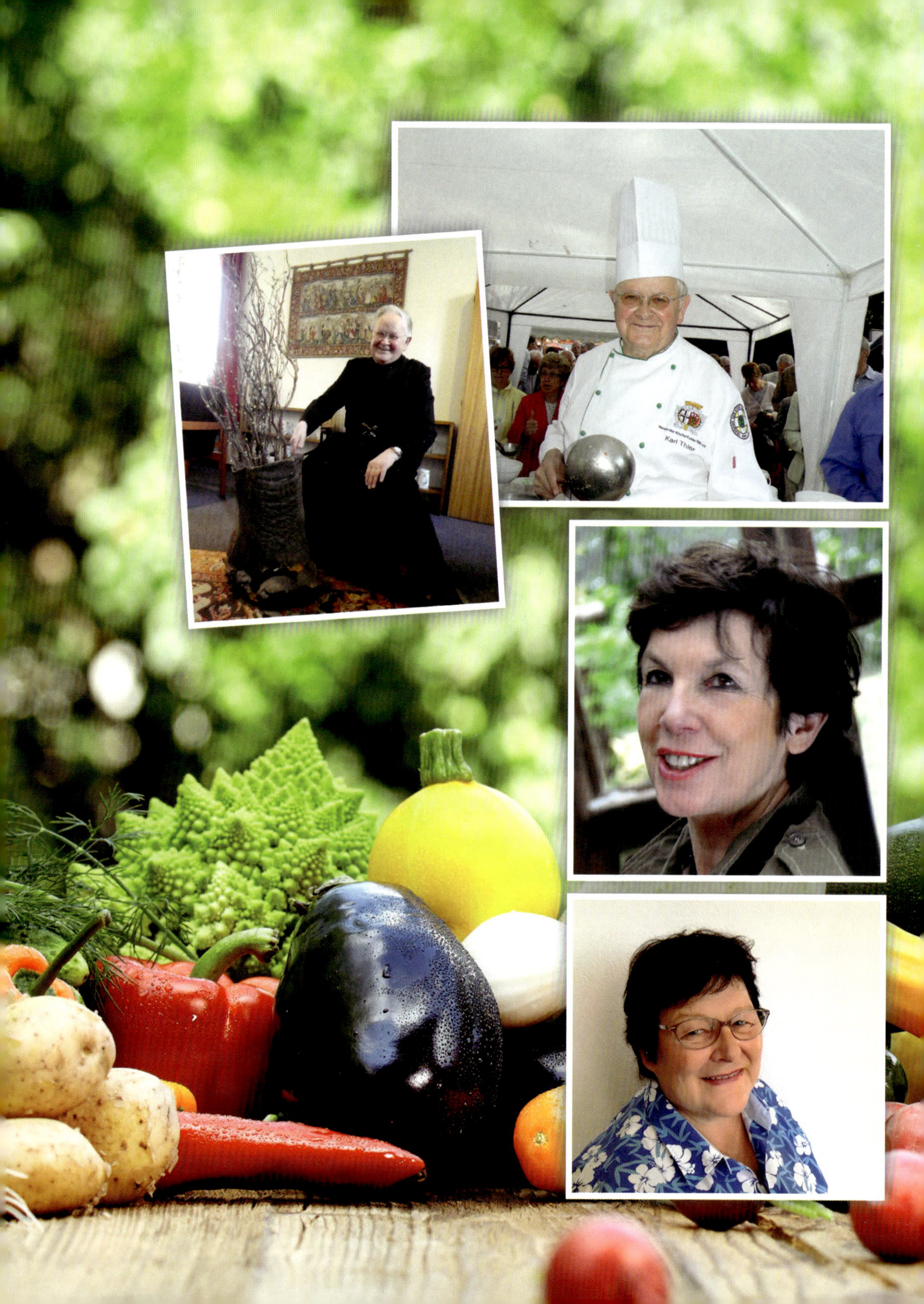
Karl Thier

Über die Autoren

Karl Thier, Küchenchef im Kloster Hünfeld. Durch seine Kindheit auf dem Bauernhof im Münsterland geprägt, hat Bruder Karl eine große Achtung vor den Gaben Gottes. Schon als 14-Jähriger kam er ins Kloster Hünfeld, wo er 2010 sein 50-jähriges Ordensjubiläum feierte. Bruder Karls heitere Art und sein Verständnis als Lehrmeister weiß sein Team besonders zu schätzen. Die schmackhaften und gesunden Speisen sind bei den Mitbrüdern und den zahlreichen Klostergästen über alles beliebt, denn Bruder Karl ist ein wahrer Künstler der einfachen, naturbelassenen Küche. Auf vielseitigen Wunsch war Bruder Karl bereit, seine Rezepte, von denen die meisten leicht nachzukochen sind, sowie zahlreiche wertvolle Ratschläge in diesem Buch weiterzugeben. Bruder Karls Prinzip: „Die Nahrung ist etwas Kostbares, die man dankbar und mit Freude genießen soll."

Maria Köllner, Buch- und Filmautorin, Journalistin: Die besonderen Möglichkeiten ihrer Arbeit sieht Maria Köllner darin, über den Unterhaltungs- und Informationswert hinaus zu berühren. Als Chefredakteurin und Herausgeberin vermittelte sie mit ihrem Magazin „Mensch & Natur" Menschlichkeit, Lebensfreude, Gesundheit und Mut. Bruder Karl und seine Küche lernte Maria Köllner durch ihren Verleger Werner Vogel kennen und schätzen. Die Autorin lebt mit ihrer Familie und zahlreichen Tieren auf einem idyllischen Hof bei Hamburg.

Ursula Hoff, Diätassistentin und Ernährungsberaterin. Schon als kleines Mädchen wurde Ursula Hoff aus Fulda von ihrer Großmutter in die Geheimnisse der Kräuterkunde eingeweiht. So wuchs im Laufe der Jahre eine besondere Liebe zur Natur und zu natürlicher Ernährung. Nach 20 Jahren als Beraterin für Ernährung und Umwelt in der Verbraucher-Zentrale Hessen leitet Ursula Hoff eine eigene Kochsendung im Offenen Kanal Fulda. Durch ihre Verbundenheit zum Verlag Via Nova entstand der Kontakt zum Kloster Hünfeld und zu Bruder Karl, mit dem sie alle Rezepte besprochen, aufgeschrieben und nachgekocht hat. Ursula Hoffs Grundsätze beim Kochen lauten: „Die gesunden, natürlichen Speisen sollen ein Genuss für Gaumen und Augen sein."

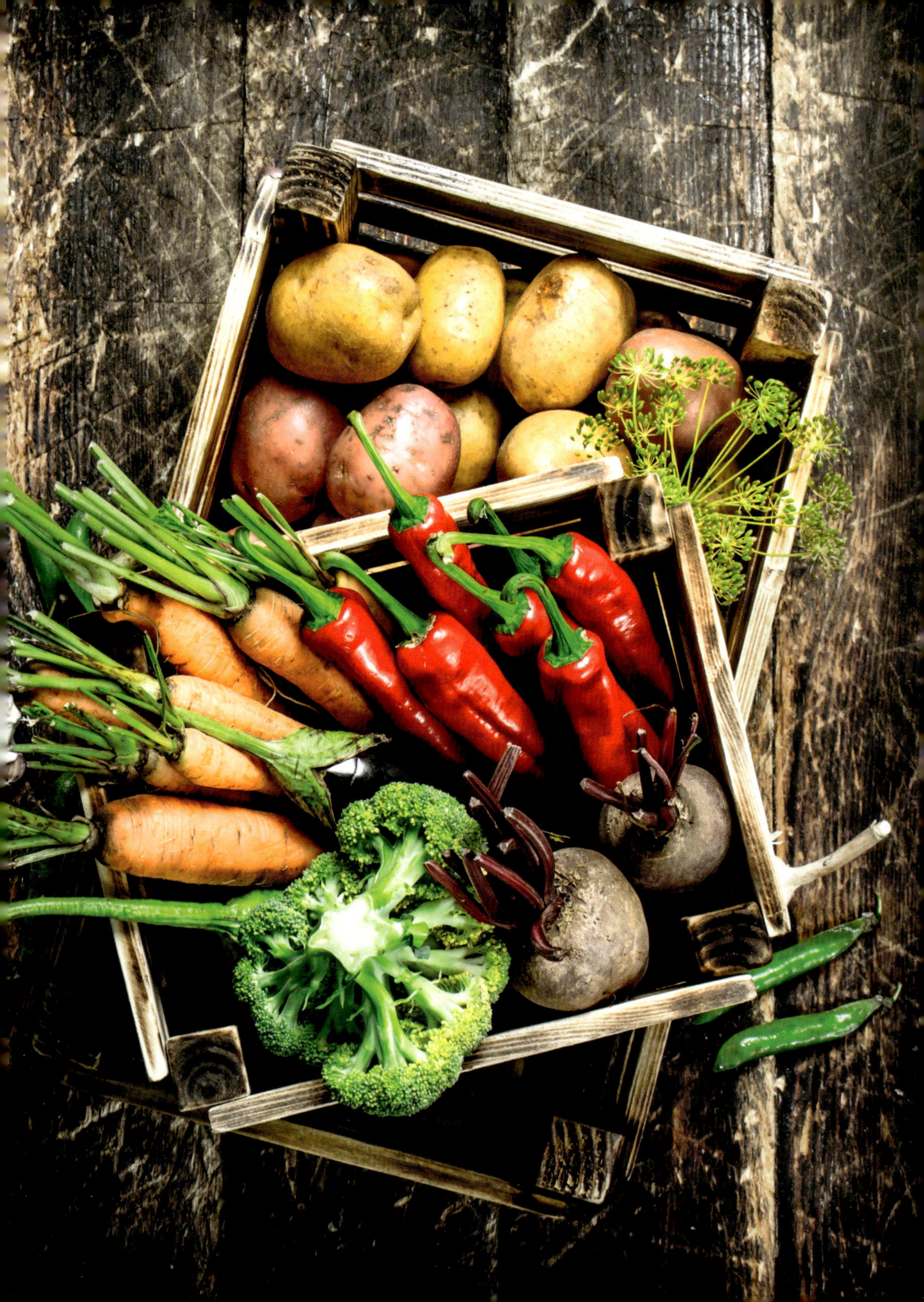

Alphabetisches Verzeichnis der Gerichte

Aubergine im Bierteig 54
Backofensuppe 30
Biersuppe aus Westfalen 14
Bouillon mit verschiedenen Einlagen 36
Bunte Klöße 95
Burgunderbraten 79
Buttermilch, erfrischend grün 129
Buttermilchwaffeln mit Vanille 111
Champignonköpfe, eingelegt 55
Cocktails mit Oblatine 127
Dessert schwarz/weiß 107
Eiserkuchen (Isenbackenkooken) 112
Erdkohlrabi (Steckrüben) mit Leiterchen 82
Fasan auf Sauerkraut 91
Fettklößchen 37
Fruchtessig á la Bruder Karl 53
Frühlingspfanne 84
Gaalbern-Auflauf 68
Gaalbern-Torte 120
Glüh- oder Apfelweingelee 132
Grießmehlklößchen 38
Grießschnitten mit Erdbeersoße 106
Grünkernklößchen 41
Haferflockenplätzchen 116
Herzhafte Herrentorte 138
Hünfelder Krautpfanne 62
Hünfelder Oblatine 127
Hünfelder Traum 109
Ingwer-Wodka-Likör 130
Juni-Suppe 34

Kalte russische Suppe 33
Kalter Meerrettich 60
Karls Möhrensuppe mit Ingwer 17
Käseaufstrich 135
Käsesalat 140
Kichererbsensuppe 22
Kirsch(kern)likör 125
Klosterratten – Blätterteig gefüllt
und Pusztasoße 88
Kochkäse, veredelt 134
Kräuter-Kartoffelplätzchen 99
Leber in Senfkruste 92
Linsenbratlinge 66
Linsen-Rotkohl-Salat 46
Markklößchen 39
Mehlklöße 102
Mehlpfannekuchen 96
Minestrone Rhöner Art (Eintopf) 18
Minze Oblatine 127
Mozarella-Teller 57
Muffins mit Oblatine-Klosterlikör 114
Mutschelmehlklöße 42
Nellys Kartoffelsalat 101
Orangentraum 127
Osterlamm 118
Pannas mit gebratenen Apfelringen 72
Paprika rot/grün 56
Petersilienklößchen 90
Pfannkuchen gefüllt mit Frischkäse 136
Pilzconsomé mit Blätterteighaube 26
Pilzsuppe gebunden 25
Pizzabrötchen 142
Püfferchen (Struwen) 86
Pürierte Kartoffel-Lauch-Suppe 20
Pusztasoße 89

Alphabetisches Verzeichnis

Quark-Zitronenkuchen 122
Rhabarber-Erdbeer-Creme 105
Rhöner Kartoffelkuchen
mit Kräuterschmand...64
Rosenkohl-Pilz-Pfanne 76
Rote-Linsen-Suppe..24
Sauerampfer-Wurzel-Salat 50
Schiebenkartoffeln..103
Schwalbennester (Rouladen) 74
Schweinelendchen mit Backpflaumen 81
Seelachsfilet mit Sesampanade 93
Soljanka 28
Spaghetti mal anders 100
Speckscholle..94
Spekulatius 117
Spinatkuchen..78
Tafelspitz 70
Tassenschmarrn mit Zimtsoße........................108
Vinaigrette 48
Weinsuppe...16
Weißkohlsuppe mit Kurkuma (Eintopf)............21
Yum-Yum-Salat..44
Zucchini, eingelegt – Relish 58
Zwibbelsploatz nach Klosterart 80

Alphabetisches Verzeichnis

Weitere Titel aus dem Verlag Via Nova:

Durchbruch ins Licht
Gedichte der Zuversicht und der Hoffnung
Werner Vogel

Hardcover, 48 Seiten, 11 farbige Fotos, ISBN 978-3-86616-440-6

„Die Poesie von Werner Vogel ist wie fließendes Licht", so schreibt Barbara Schenkbier im Vorwort dieses wundervollen Gedichtbandes. Viel schöner kann man es kaum ausdrücken! Wenn Worte zu Licht werden und in unseren Herzen einen göttlichen Funken entzünden, dann erfüllen sie ihre allerhöchste Bestimmung, so wie die Gedichte von Werner Vogel. Sie sind ein Geschenk für alle, die von Sorgen, Ängsten und Nöten bedrängt werden, denn in ihnen erfahren sie das tröstende Licht der Hoffnung und Zuversicht. Und für all jene, die nach Selbsterkenntnis und göttlicher Wahrheit streben, werden die Verse zu hilfreichen lichterfüllten Wegbegleitern. Werner Vogels Gedichte sind Ausdruck der reinen Liebe und der alles verwandelnden göttlichen Kraft, es sind Worte aus Licht, die mitten ins Herz treffen.

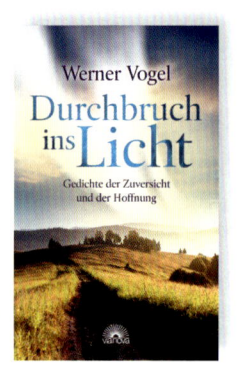

Sein Bewusstsein auf eine höhere Seinsebene bringen
Geführte Meditationen
Werner Vogel

CD, Laufzeit: 70 Minuten, ISBN 978-3-86616-123-8

Die Grundübung aller spirituellen Wege ist die Meditation. Das Ziel der Meditation in allen spirituellen Traditionen ist die Erfahrung eines nicht-dualistischen Bewusstseinszustands. Um in den Zustand des Geistes in der bewussten Erfahrung des „ewigen Hier und Jetzt" zu kommen, bedarf es einer stufenweise aufgebauten Übungspraxis. Geführte Meditationen können helfen, den zerstreuten Geist zu sammeln und auszurichten. Dadurch kommt der Übende zur Ruhe und zur Erfahrung der inneren Stille. Der Geist beruhigt sich und wird klar wie die Oberfläche eines aufgewühlten Sees, auf dessen Grund man sehen kann. Schließlich tritt der Zustand der gesammelten inhaltslosen Wachheit im Geist ein und der Übende wird offen und frei für ein höheres Bewusstsein. In der CD werden 3 Meditationsübungen angeboten, teilweise unterlegt mit meditativer Musik.

Christliche Meditationen – CD
Wege zur Heilung und Ganzheit
Anna E. Röcker

CD, Laufzeit: 70 Minuten, ISBN 978-3-86616-436-9

Die Meditationen dieser CD sind eine wundervolle Gelegenheit, die christlichen Festtage wieder mit neuem Leben und ihrem ursprünglichen Geist zu erfüllen. Ausgehend von den aktiven Imaginationen nach C.G. Jung und ausgewählter atmosphärischer Musik werden Sie in einen heiligen und besinnlichen Raum des Nachspürens und Kontemplierens geführt. So werden alle wesentlichen christlichen Festtage mit ihren ganz eigenen geistigen Qualitäten unmittelbar fühlbar und spirituell erfahrbar. Eine einzigartige Möglichkeit, die christlichen Feste auf ganz neue, innige Weise in der Tiefe seiner eigenen Seele zu erleben.

Das kleine Buch der Meditation
12 geführte Reisen nach innen
Sonja Wiethölter

Klappenbroschur, 128 Seiten, ISBN 978-3-86616-457-4

Viele Menschen erkranken an der modernen Gesellschaft. Erfolgsdruck und Dauerstress strapazieren den Geist bis hin zu körperlichen Auswirkungen. Was wir brauchen, ist ein neuer Zugang zu uns selbst, ein Ventil für unsere Anspannung und Orientierung im Leben. Diese 12 meditativen Reisen entführen den Leser in eine phantastische Welt in seinem Inneren, ein Ort, an dem Erholung, Besinnung, Bewusstheit, neue Perspektiven und die Bedeutung der Selbstachtung erfahren werden können. In atemberaubenden Bildern von lauschigen Wäldern, steilen Gebirgsketten und weitläufigen Stränden zeichnet Sonja Wiethölter dem Leser einen Weg der Imagination, der ihn näher zu sich selbst führt.

Umarme dein Leben, wie es ist
Nicht das Glück suchen, sondern glücklich sein
Jeff Foster

Paperback, 304 Seiten, ISBN 978-3-86616-421-5

Jeff Foster kennt die Wege und Irrwege der spirituellen Suche aus höchst eigener Erfahrung und sendet uns in diesem Buch inspirierende Botschaften aus dem unmittelbaren Erleben des Erwachens: Gedichte, Selbstreflektionen und Aufsätze, in denen jederzeit spürbar ist, wie sehr es ihm ein Herzensanliegen ist zu vermitteln, dass das „Ankommen im Jetzt" viel einfacher ist, als wir alle denken. Kann man wirklich in jedem Moment zur Ruhe kommen, ganz gleich, wie hoch die Wellen schlagen? Ja! Jeff Foster zeigt uns, dass das Geheimnis offen vor uns liegt: Vertraue auf die kreative Lebendigkeit und Intelligenz des eigenen Seins! Umarme dich und dein Leben, ganz gleich, wie es sich gerade gestaltet! Liebevoll, tiefgründig, heiter und poetisch - eine großartige Inspirationsquelle für spirituell Erwachte!

Wunder geschehen in jedem Augenblick
„Ein Kurs in Wundern" im Alltag und im Beruf
Mit einem Vorwort von Marianne Williamson
Emily Bennington

Paperback, 192 Seiten, ISBN 978-3-86616-425-3

Wenn sich spirituelles Gewahrsein und die so genannte Normalität des modernen Berufs- und Geschäftslebens miteinander verbinden, können wahre Wunder geschehen. Dass dies mehr als ein Allgemeinplatz ist, stellt die amerikanische Star-Coachin und Bestsellerautorin Emily Bennington in diesem Buch dar. Auf Basis des spirituellen Klassikers „Ein Kurs in Wundern", wirkungsvollen Achtsamkeitspraktiken und vieler ihrer eigenen bewährten Strategien zeigt die Autorin, wie Transformation konkret und praktisch im Alltag und in der Geschäftswelt gelebt werden kann. Dieser außergewöhnliche spirituelle Leitfaden beweist, dass persönliche Karriere, inneres Wachstum, äußerer Erfolg und positiver Bewusstseinswandel in der Welt ganz real werden können.

Das Sterben bewusst annehmen
Wie uns Karens Abschied vom Leben auch Hoffnung schenken kann
Karen Speerstra und Herbert Anderson

Klappenbroschur, 288 Seiten, ISBN 978-3-86616-461-1

Wohl selten hat ein Mensch so wahrhaftig und mutig, dabei so konkret und lebendig den Prozess des eigenen Sterbens in all seinen Facetten aufgezeichnet wie Karen Speerstra in diesem, ihrem letzten, so einzigartigen Buch. Nach 10 Jahren Kampf gegen den Krebs bricht sie ihre Behandlung ab, wendet sich ihrem bevorstehenden Tod zu und lässt uns teilhaben an der vielleicht intensivsten Reise, die ein Mensch je antreten kann. Authentisch, offen, ernst und fröhlich schildert sie ihr Erleben, ihre Gedanken, ihre Gefühle. Begleitend vermittelt Co-Autor Herbert Anderson wertvolles Wissen über Palliativmedizin, Hospizpflege und zeitgemäße Sterbebegleitung. Ein einmaliges, ermutigendes Buch, das uns allen zeigt, wie man die letzte Etappe seiner Lebensreise würdevoll und bewusst gestalten kann.

Ich bin bei Euch
Botschaften aus der göttlichen Welt für eine neue Zeit
Eva Maria Leonard

Hardcover, 176 Seiten, mit 24 farbigen Bildern, ISBN 978-3-86616-393-5

Im Spätsommer des Jahres 2013 nahm Eva Maria Leonard Fotos von ihrem Garten auf und machte eine erstaunliche Entdeckung: Auf den Fotos zeigten sich unerklärliche, in Licht gefasste Formen mit einer unglaublich intensiven, tief berührenden Ausstrahlung. Ganz so, als würden sie ein Tor zum göttlichen Licht öffnen, durch das die höchste Schwingung der Freude, der Liebe und des Friedens direkt in das Herz des Betrachters fließen kann. Schon bald kamen Botschaften aus der geistigen Welt hinzu, die ein allumfassendes Verständnis unseres Daseins vermitteln. Sie geben Orientierung, Halt und Zuversicht in einer sich verändernden Welt. Dieses Buch gibt Zeugnis von der Weisheit und Liebe göttlicher Präsenz, die uns jeden Moment umgibt und heilende Energien sendet, damit wir in neuem, erwachten Bewusstsein den Weg in eine lichtvolle Zukunft gehen können.

Auf dem Jakobsweg durch Frankreich
Gehen – singen – lauschen – staunen
Stefanie Spessart-Evers

Paperback, 208 Seiten, ISBN 978-3-86616-396-6

„...und alle Wege, zu denen der Mensch aufbricht, zeigen ihm an, dass sein ganzes Leben ein Weg ist, ein Pilgerweg zu Gott.", sagt Augustinus. Dieses Buch ist ein lebendiger Beleg für die Weisheit und Wahrhaftigkeit dieser Worte. Begleiten Sie die Autorin auf diesem Wege, der voller Zauber, Wunder und Intensität ist. Magische Momente im Innen wie im Außen, die Schönheit von Natur und Landschaft, berührende Begegnungen und wegweisende Einsichten verweben sich zu einer tiefgreifenden inneren Erfahrung, die das Herz und die Sinne öffnen für die Kostbarkeit alles Lebendigen. Vielleicht ist dieses Buch ja ein erster Schritt für Ihren ganz persönlichen Pilgerweg zu einem neuen Leben.